utb 4219

W0177649

Eine Arbeitsgemeinschaft der Verlage

Böhlau Verlag · Wien · Köln · Weimar
Verlag Barbara Budrich · Opladen · Toronto
facultas · Wien
Wilhelm Fink · Paderborn
A. Francke Verlag · Tübingen
Haupt Verlag · Bern
Verlag Julius Klinkhardt · Bad Heilbrunn
Mohr Siebeck · Tübingen
Nomos Verlagsgesellschaft · Baden-Baden
Ernst Reinhardt Verlag · München · Basel
Ferdinand Schöningh · Paderborn
Eugen Ulmer Verlag · Stuttgart
UVK Verlagsgesellschaft · Konstanz, mit UVK / Lucius · München
Vandenhoeck & Ruprecht · Göttingen · Bristol
Waxmann · Münster · New York

Heike Kröpke

Tutoren erfolgreich im Einsatz

Ein praxisorientierter Leitfaden
für Tutoren und Tutorentrainer

Verlag Barbara Budrich
Opladen & Toronto 2015

Bibliografische Information der Deutschen Nationalbibliothek
Die Deutsche Nationalbibliothek verzeichnet diese Publikation in der Deutschen Nationalbibliografie; detaillierte bibliografische Daten sind im Internet
über http://dnb.d-nb.de abrufbar.

Gedruckt auf säurefreiem und alterungsbeständigem Papier.

© 2015 Verlag Barbara Budrich, Opladen & Toronto
www.budrich-verlag.de

UTB-Bandnr. 4219
UTB-ISBN 978-3-8252-4219-0

Lektorat: Andrea Lassalle, Berlin
Satz: Ulrike Weingärtner, Gründau
Umschlaggestaltung: Atelier Reichert, Stuttgart
Druck: Friedrich Pustet, Regensburg
Printed in Germany

Für meine Eltern und meinen Sohn Florian

Vorwort oder wie die Idee zu dem Buch entstanden ist ...

Tutoren werden oftmals auf Grund guter Klausurergebnisse ausgewählt und übernehmen dann in der Regel ohne große Vorbereitung ihre Tutorien. Fachwissen ist dabei zweifelsfrei vorhanden, methodisch-didaktisches Know-how fehlt in den allermeisten Fällen, nur allzu oft wird der Unterrichtsstil des Professors aus der Vorlesung kopiert. Da Tutoren in hochschuldidaktischen Lehr- und Lernprozessen einen sehr großen Stellenwert einnehmen und der Sprung ins kalte Wasser unbedingt vermieden werden sollte, ist eine Qualifizierung für ihre Tätigkeit eine notwendige Voraussetzung.

Aus diesem Grundgedanken heraus wurde das Tutorenprogramm an der Hochschule Niederrhein entwickelt, immer weiter ausgebaut und implementiert. So werden seit 2003 Erstsemester- und Fachtutoren geschult und zertifiziert. 2011 hat die Hochschule Niederrhein sich im Qualitätspakt-Programm „Bessere Studienbedingungen und mehr Qualität in der Lehre" des Bundesministeriums für Bildung und Forschung (BMBF) mit dem Projekt „Peertutoring und Studienverlaufsberatung – Individualisiertes Studieren durch Kooperatives Lernen" erfolgreich beworben. Seitdem wird nun auch die Gruppe der Repetitoren, quasi Fachtutoren, die kleine Lerngruppen intensiv auf ihre Prüfungen vorbereiten, qualifiziert. Zudem wird das gesamte Tutorenwesen noch stärker ausgestaltet, u.a. durch verpflichtende und flächendeckende Tutorenqualifizierungen.

Zunächst wurden für die Tutoren nur Tagesseminare an der Hochschule angeboten. Mittlerweile gibt es zusätzliche Wochenendschulungen in externen Bildungseinrichtungen, um den Studierenden die Qualifizierung trotz dichter Stundenpläne zu ermöglichen. Zur besonderen Anerkennung ihrer Arbeit wurde im Laufe der Jahre ein Tutorenempfang ins Leben gerufen, zu dem der Vizepräsident für Studium und Lehre alle Tutoren der Hochschule Niederrhein einmal im Jahr einlädt, um sie und ihre wertvolle Arbeit im Rahmen der Lehre in feierlicher Atmosphäre zu würdigen. Auch die Auslobung eines Tutorenpreises wurde etabliert, für den sich zertifizierte Tutoren bewerben können.

Die Qualität des Tutorenprogramms wird sowohl nach außen als auch nach innen kommuniziert. Hochschulinterne Best-Practice-Treffen und Round-Table-Gespräche sind unterstützende Maßnahmen, um die Bedeutung der wichtigen Scharnierfunktion (Tutoren als Mittler zwischen Professoren und Studierenden) von qualifizierten Tutoren im hochschuldidaktischen Kontext transparenter zu machen. Um die Zusammenarbeit zwischen Tutoren und Professoren zu optimieren, finden regelmäßig hochschulinterne Tagungen unter dem Motto *Prof meets Tutor* statt. Erfolgversprechende Tutorenprojekte aus Fachbereichen werden hier vorgestellt und diskutiert mit dem Ziel, diese hochschulweit zu implementieren.

Mit diesen umfassenden Angeboten nimmt die Hochschule Niederrhein in der Hochschullandschaft sicherlich eine Vorreiterrolle mit Vorbildfunktion ein. Außerdem entstand hier auch die Idee zu dem bundesweiten *Netzwerk Tutorienarbeit an Hochschulen*, in dem mittlerweile rund 60 Universitäten und Hochschulen vertreten sind. Hochschulpolitische Fragestellungen, die Entwicklung von Qualitätsstandards in der Tutorienarbeit, ein kollaborativer Austausch sowie die Kooperation zwischen den Hochschulen sind nur einige Aufgabenschwerpunkte des Netzwerks.

Darüber hinaus werden an der Hochschule Niederrhein bundesweite Fachtagungen unter dem Leitsatz *Tutorienarbeit im Diskurs – Qualifizierung für die Zukunft* ausgerichtet, die einem hochschulübergreifenden Erfahrungsaustausch sowie der Weiterentwicklung und Verankerung von Tutorienarbeit in der Hochschullandschaft dienen. Lehrende, Tutorentrainer und -ausbilder, Hochschuldidaktiker und -politiker sowie Tutoren nutzen diese Veranstaltungen, um die Bedeutung der Tutorienarbeit für die Lehre und für die Hochschulen aus verschiedenen Blickwinkeln zu thematisieren und zu diskutieren.

Alle diese vielen positiven Erfahrungen an der eigenen Hochschule sowie die gewonnenen Erkenntnisse als Trainerin in zahlreichen Tutoren- sowie Multiplikatorenschulungen an anderen Universitäten und Fachhochschulen in Deutschland und der Schweiz zeigen mir immer wieder die Wichtigkeit und Notwendigkeit einer Qualifizierung und Begleitung von Tutoren. Diese Entwicklungen haben mich letztendlich dazu bewogen dieses Buch zu schreiben, um einen Beitrag für eine professionelle Ausbildung von Tutoren zu leisten.

Gleichzeitig möchte ich auch mit diesem Buch aufzeigen, dass die Ausbildung von Tutoren nicht länger von öffentlich finanziell geförderten Programmen abhängig sein darf, sondern vielmehr als feste Säule in der Hochschuldidaktik verankert und verstetigt werden muss. Tutorenqualifizierung darf nicht weiterhin nur ein *Nice-to-have* sein, sondern muss zu einem Must-have werden. Möge das Buch ein Meilenstein auf dem Weg dorthin sein.

Sicherlich wäre vieles im beschriebenen Umfang nicht durchführbar und umsetzbar gewesen, ohne die immerwährende ideelle und finanzielle Unterstützung des Präsidiums, insbesondere des Vizepräsidenten für Studium und Lehre der Hochschule Niederrhein.

Ein *DANKE* in diesem Zusammenhang, vor allem aber auch bei der Umsetzung des Buches gilt insbesondere:

- meinem Sohn Florian Erbach für seine systematische und technische Unterstützung sowie seine kritischen Fragen und Anmerkungen (auch in der Rolle eines Tutors);
- all meinen Freundinnen, die immer wieder nach dem *Schreibflow* fragten und stets aufmunternde und motivierende Worte hatten; besonders aber Cordula Manhillen, die mit geübtem Auge Korrektur gelesen hat;
- meiner Kollegin Renate Maiwald für ihre stets tatkräftige und engagierte Unterstützung in jeglicher Hinsicht seit der ersten Stunde des Tutorenprogramms;
- meinem Kollegen David Peters für den letzten Schliff;
- Miriam von Maydell und dem Verlag Budrich für die wohlwollende Aufnahme der Idee zu dem Buch und vor allem für die unkomplizierte Unterstützung während der Umsetzung;
- allen Tutoren und Multiplikatoren in meinen Seminaren, ohne die ich all diese wertvollen Erfahrungen nicht hätte machen können. Ihre Ideen und Anregungen führten zu einer ständigen Optimierung des Tutorenprogramms; ihr Spaß und Lernerfolg bekräftigen mich immer wieder darin, auf dem Weg in die richtige Richtung zu sein.

Zum Aufbau des Buches

Im ersten Teil des Buches wird die Bedeutung und Notwendigkeit einer Qualifizierung für Tutoren in unterschiedlichen Facetten dargestellt. Der Fokus richtet sich dabei auf die unterschiedlichen Zielgruppen, die Schulungsformate und -inhalte, die Anreizsysteme und die Evaluation. Auch das Zusammenspiel von Tutoren und Professoren wird thematisiert.

In den Kapiteln *„Best-Practice-Baustein: Planung, Durchführung und Nachbereitung von Tutorien"; „Für alle Phasen gerüstet – Handwerkszeug für einen guten Tutor"* sowie *„Selbstbewusst reden vor Gruppen"* werden Themen vorgestellt, die sich im Laufe der Jahre als besonders wertvoll und hilfreich für die Vorbereitung auf die Tutorentätigkeit herauskristallisiert haben. Tutoren werden damit genauso angesprochen wie Tutorentrainer. Mit dem Blick auf die Tutoren sind die einzelnen Themen an die Bedarfe angepasst und von daher sehr konkret und praxisorientiert gestaltet. Am Ende eines Kapitels erhalten die Tutorentrainer neben diesen thematischen Ausführungen noch zusätzlich bewährte *Methodentipps* für die Umsetzung der Inhalte in Tutorenschulungen. Viele Best-Practice-Bausteine ergänzen sich und können somit leicht in Bezug zueinander gelesen werden. Zudem bieten sie die Möglichkeit, sich ein Qualifizierungs- bzw. Zertifizierungsprogramm *à la carte* zusammenzustellen, quasi passend auf die jeweiligen Rahmenbedingungen und Gegebenheiten der eigenen Hochschule.

Im Kapitel *„Zehn persönliche Lieblingsmethoden für alle Seminarsituationen"* finden sich noch weitere Methoden, die ich immer wieder gerne und erfolgreich in den Schulungen einsetze.

Das Kapitel *„Zum guten Schluss"* fasst das Wichtigste in Kürze noch einmal zusammen und gibt einen Ausblick auf eine professionell verankerte zukünftige Tutorenausbildung an Hochschulen.

Zu beachten ist, dass dieses Buch weder den Anspruch auf Vollständigkeit erhebt noch die unterschiedlichen Themen theoretisch fundiert diskutiert oder alle Methoden umfassend darstellt. Sowohl die Themen als auch die Lehr-/Lernmethoden sind auf das Niveau der Zielgruppe heruntergebrochen und sind Erfahrungswerte aus der eigenen langjährigen Praxis. Der Praxisleitfaden soll Tutoren und Tutorentrainer Basiswissen vermitteln und ihnen konkrete Tools an die Hand geben, die sie unkompliziert in ihren Tutorien bzw. Tutorenschulungen einsetzen können und die ihnen helfen können, ihre Veranstaltungen optimal vorzubereiten und teilnehmeraktivierend durchzuführen. Durch eine übersichtliche Darstellung können sich sowohl Tutoren als auch Tutorenqualifizierer schnell informieren und das Gelesene in die Praxis umsetzen. Eine intensivere Auseinandersetzung mit den unterschiedlichen Themen oder den vielfältigen Methoden bleibt jedem selbst überlassen; ausreichend weiterführende Literatur gibt es zu jedem Thema.

Wenn sich das Buch gleichermaßen an Tutorentrainer und Tutoren wendet, so ersetzt es allerdings in keinerlei Hinsicht eine Präsenzschulung; denn viele Themen lassen sich nur im Austausch mit anderen reflektieren oder per Learning by Doing erfahren, erleben und auf eigene Tutorien transferieren.

Die Qualifizierung von Tutoren und Multiplikatoren bereitet mir persönlich – auch nach vielen Jahren – immer noch Spaß! Tutoren sind motiviert, engagiert und dankbar für jede methodisch-didaktische Unterstützung, die ihnen den Start in ihre eigene Lehre erleichtert. Ein Buch aus der Praxis für die Praxis – möge es neue Anregungen und Anreize schaffen, eine Hilfestellung sein oder einfach nur Interesse am Thema wecken.

Heike Kröpke
Haan im Februar 2015

Inhalt

In diesem Buch wird auf eine Aufzählung beider Geschlechter (die Tutorinnen und Tutoren) oder die Verbindung beider Geschlechter in einem Wort (TutorInnen) zugunsten einer möglichst einfachen Leseart des Textes verzichtet. Ebenfalls auf eine Schreibweise, in der nur die weiblichen Begriffe verwendet werden. Es wird jedoch an dieser Stelle ausdrücklich betont, dass bei allgemeinen Personenbezügen beide Geschlechter gleich gemeint sind, und Frauen nicht benachteiligt werden sollen.

Abbildungsverzeichnis

1. Die Bedeutung von Tutoren in der Hochschullehre

Mit dem Einsatz von Tutorien und der Qualifizierung von Tutoren wird das Rad in der Hochschullandschaft nicht neu erfunden. Ursprünglich kommt der Begriff Tutor aus der römischen Zeit. „Der Begriff ‚Tutor' leitet sich aus dem Lateinischen ab und meint ‚Beschützer'. Im römischen Recht war der Tutor ein Vormund für Personen." (Bebber, 2007, S. 12) Ein Tutor im heutigen Hochschulwesen ist eine Person, die Studierende unterstützt, selbst aber noch in einem höheren Semester studiert. Tutoren geben zum einen Unterstützung in fachlicher Hinsicht, meist als Unterricht in einem Tutorium, und zum anderen sozial-organisatorische Unterstützung in der Studieneingangsphase. Hier sind Tutoren dann mehr Ansprechpartner oder Vertrauenspersonen. In der Regel sind sie als studentische bzw. wissenschaftliche Hilfskräfte angestellt, können manchmal aber auch wissenschaftliche Mitarbeiter sein. (Vgl. Knauf, 2005, S. 1ff.)

> „Die Idee eines Tutors ist eine universitäre Tradition und schon seit dem Mittelalter bekannt. Sie war immer verbunden mit dem Mangel an Lehrkräften und der Hilfe für Studierende verschiedenen Alters. Im 19. Jahrhundert lebte die Tradition wieder auf, in den 50er und 60er Jahren des 20. Jahrhunderts waren in den USA verstärkte Bemühungen um die Einrichtungen von Tutorensystemen an den Hochschulen zu verzeichnen." (Kraus/Müller-Benedict, 2007, S. 4)

Tutoren sind heute eine feste Größe im Hochschulalltag und haben eine entscheidende Funktion bei der Unterstützung studentischer Lernprozesse. Sie fördern Lernautonomie und wissenschaftliche Selbständigkeit, bieten Lernbegleitung, Hilfestellung und Beratung für Studierende in unterschiedlichen Lernprozessen, insbesondere bei Lernschwierigkeiten und zur Prüfungsvorbereitung und helfen darüber hinaus Kommilitonen bei der Integration in das studentische Leben. Damit verbessern sie die Studienqualität, tragen dazu bei, die Studienabbrecherquote zu reduzieren und Studienerfolge zu erhöhen. Auf Grund der studentischen Zusammengehörigkeit, einer gemeinsamen Sprache und der Aufhebung von Hierarchien zwischen Lehrenden und Lernenden tragen Tutoren entscheidend dazu bei, dass Lernen auch Spaß machen kann.

Aus hochschuldidaktischer Sicht erfüllen Tutoren damit eine wichtige Funktion im Studium. Sie entlasten im Alltag die Lehrenden und sind als Peers wichtige Ansprechpartner für ihre Kommilitonen. Formal gleichgestellt mit Studierenden, stützen und vertiefen sie Lernprozesse. Der besondere Charme ist dabei das Lernen auf Augenhöhe. „Peers können sich umso mehr in die ihnen anvertrauten Studierenden einfühlen, je mehr sie mit ihnen Lebenswelten teilen. Dieser gemeinsame Erfahrungshorizont erleichtert es, Beratung und Betreuung praxisnah zu gestalten[...]." (Wildt, 2013, S. 44) Ein angstfreies Lernklima lädt zum Fragen ein, erleichtert die Kommunikation und verbessert damit das individuelle Lernverhalten. Durch diese spezielle Lernatmosphäre im Tutorium werden fachliche Schwierigkeiten deutlich und können den Dozenten über die Tutoren widergespiegelt werden.

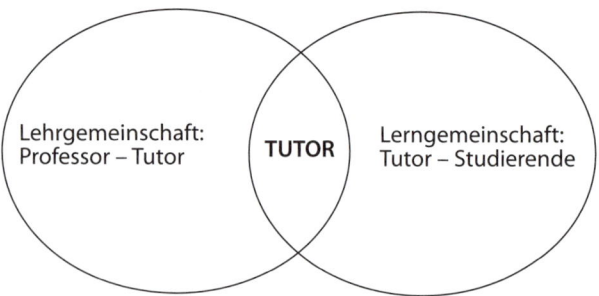

Abbildung 1: Der Tutor als Scharnierfunktion (Quelle: eigene Darstellung)

Damit nehmen die Tutoren eine wichtige Scharnierfunktion zwischen Studierenden auf der einen und Dozierenden auf der anderen Seite ein und übernehmen einen wesentlichen Beitrag in der Lehre. Dieser gemeinsame Lehr- und Lernprozess bietet die große Chance, die hochschuldidaktische Lehrinteraktion zu erhöhen und ggf. auch einen Perspektivwechsel von der Lehre zum Lernen (*shift from teaching to learning*) zu etablieren, d.h. das Lernen der Studierenden lernförderlich zu gestalten, indem Lernvorgänge in Bewegung gesetzt werden und Lernsettings für selbst-organisiertes und aktives/ kooperatives Lernen arrangiert werden. Indem nicht nur Lernergebnisse Beachtung finden sondern auch Lernprozesse und -verhalten, werden Tutoren zu Lernbegleitern (*facilitators*) und wichtigen Multiplikatoren im Gesamtgefüge.

Solch eine tutorengestützte Lehre wirkt sich nicht nur positiv auf die Lernenden aus, sondern auch auf die Tutoren. Während bei der ersten Gruppe Leistungsbereitschaft und Lerneffizienz gesteigert werden und die Studierenden zu einem nachhaltigen Lernen geführt werden, können die Tutoren durch das didaktische Prinzip *Lernen durch Lehre* ihre persönlichen, sozialen, methodisch-didaktischen Kenntnisse sowie ihr Fachwissen durch die detaillierte Vermittlung von Inhalten erweitern. (Vgl. Hitziger/Dailidow, o.J., S. 121f.)

Tutoren gestalten die Qualität der Lehre maßgeblich mit und müssen daher zielgerichtet auf ihre Tätigkeit vorbereitet werden. Um die Wirkung der studentischen Tutorien auf die Lernprozesse der Studierenden zu optimieren, ist die professionelle Vorbereitung, Schulung und Begleitung von Tutoren von entscheidender Bedeutung. Tutoren erwerben dadurch Lehrkompetenz und wechseln ihre Perspektive vom *Frosch zum Adler*; sie übernehmen keine vorgegebenen Methoden und Lehrstile (agieren also nicht aus der Froschperspektive), sondern erhalten durch eine Qualifizierung neue Blickwinkel und nehmen damit eine Adlerperspektive ein, indem sie ihr Handeln und Vorgehen reflektieren. (Vgl. Knauf, 2006, S. 205)

> „In den meisten Fällen werden Tutoren, die in Fachveranstaltungen eingesetzt werden, nicht extra für ihre Aufgaben ausgebildet. [...] Es wird von zwei falschen Annahmen ausgegangen: Die erste Annahme lautet, dass jemand, der etwas gut reproduzieren kann, auch gut erklären kann. Die zweite Annahme ist, dass eine Anleitung von anderen Studierenden im Wesentlichen darin besteht, diesen gute fachliche Erläuterungen anzubieten." (Görts, 2011, S. 6)

Durch die Teilnahme an Qualifizierungsmaßnahmen werden Tutoren per Learning by Doing mit wesentlichen Techniken einer teilnehmerorientierten Didaktik vertraut gemacht, d.h. sie konsumieren die Inhalte nicht nur, sondern erleben diese auch interaktiv. „Neben Impulsreferaten zu theoretischen Hintergründen stehen hier teilnehmerorientierte Methoden und Settings im Vordergrund, so z.B. Einzel-, Tandem- und Kleingruppenarbeit, in denen Diskussionen, Simulationen sowie Übungen u.a. mit folgenden Zielen eingeführt werden:

- ✓ Kennenlernen von neuen lernpsychologischen und didaktischen Ansätzen
- ✓ Verknüpfen von neu erworbenen Informationen mit Vorwissen bzw. Erfahrungen
- ✓ Verinnerlichen von Lerninhalten
- ✓ Reflektieren des eigenen Lehr- und Lernverhaltens
- ✓ Affektives Erleben von Seminarmethoden
- ✓ Transfer auf das eigene Tutorium
- ✓ Interdisziplinärer Erfahrungsaustausch."
(Kröpke/Szczyrba, 2009, S. 15)

Durch die Teilnahme an den Schulungen sowie dem praktischen Einsatz in den Tutorien können die Tutoren unterschiedliche Kompetenzen erwerben bzw. optimieren.

- ✓ FACHKOMPETENZ
  Die Inhalte werden fachkundig beherrscht und vermittelt.
- ✓ METHODENKOMPETENZ
  Der Lehrstoff wird methodisch und didaktisch aufbereitet, damit Lernerfolg und Motivation bei den Teilnehmern erzielt werden.
- ✓ SOZIALKOMPETENZ
  Im Miteinander mit den Tutanden sind die Tutoren hilfsbereit, sympathisch und freundlich und haben ein offenes Ohr bei Fragen und Problemen.
- ✓ PERSONENKOMPETENZ
  Persönliche Fähigkeiten und Einstellungen, wie beispielsweise Motivation, Selbstständigkeit, Engagement und Zeitmanagement, werden gefördert.
- ✓ GRUPPENLEITUNGSKOMPETENZ
  Die Lerngruppe wird geleitet und moderiert.
- ✓ GRUPPENGESPRÄCHSKOMPETENZ
  Schwierige Situationen werden im Gespräch mit der Gruppe oder mit dem Einzelnen erörtert.
- ✓ RHETORISCHE KOMPETENZ
  Die Inhalte werden hörergerecht formuliert und präsentiert.

Weiterhin unterstützen die Schulungen die Tutoren darin, Kompetenzen zu verantwortungsbewusstem gesellschaftlichem Handeln zu erlangen. Alle diese Schlüsselkompetenzen fundieren und fördern nicht nur das professionelle Lehrhandeln im Studium, sondern bieten auch einen persönlichen Mehrwert für den späteren Beruf.

1.1 Orientierungs- und Fachtutoren – ihre Aufgaben und ihr Stellenwert

Ein Blick in die Hochschullandschaft zeigt, dass es unzählige Arten von Tutoren gibt, d.h. „hinter dem Wort ‚TutorIn' verbergen sich ganz unterschiedliche Rollen." (Knauf, 2005, S. 1) Allein an der Hochschule Niederrhein gibt es 10 unterschiedliche Bezeichnungen für Tutoren, was eine hochschulinterne Kommunikation mitunter schon einmal schwierig macht. Denn was beispielsweise in dem einen Fachbereich ein Studienpate ist, nennt sich in einem anderen Fachbereich Vertrauenstutor oder Erstsemestertutor. Die Aufgaben unterscheiden sich dabei allerdings nur sehr geringfügig.

Abbildung 2: Tutoren an der Hochschule Niederrhein
(Quelle: eigene Darstellung)

Im *Netzwerk Tutorienarbeit an Hochschulen* sind rund 60 Hochschulen aus ganz Deutschland vertreten. Hier treffen sich an der Tutorienarbeit interessierte und im Bereich der Tutorienarbeit tätige Mitarbeiter aus der Wissenschaft, der Hochschulverwaltung und der hochschuldidaktischen Weiterbildung zum Erfahrungsaustausch und mit dem Ziel einer umfassenden Auseinandersetzung und Weiterentwicklung von Tutorienarbeit und Tutorenprogrammen in all ihren Facetten. In Diskussionen wird hier sehr schnell deutlich, dass oftmals von den gleichen Personengruppen gesprochen wird, diese allerdings unterschiedlich betitelt werden. (Vgl. www.tutorienarbeit.de)

Auch wenn es vielfältige Bezeichnungen für Tutoren gibt, so lassen sie sich in zwei große Kategorien unterteilen: Erstsemester- bzw. Orientierungstutoren, die in der Studieneingangsphase eingesetzt werden; Fachtutoren, die ihre Tutanden semesterbegleitend fachlich betreuen.

Erstsemester- bzw. Orientierungstutoren

Im Rahmen von Einführungstagen bzw. -wochen gibt es Angebote für Studienanfänger, die maßgeblich von Tutoren betreut werden. Sie übernehmen damit eine sozial-organisatorische Funktion durch Einweisung der *Neuen* während des Studienstarts. Damit wird der Grundstein für ein erfolgreiches Studium gelegt, denn wer sich von Beginn an *aufgehoben fühlt*, geht motiviert in sein Studium. Die Angebote reichen von punktuellen Veranstaltungen mit Spaßfaktor zum besseren Kennenlernen bis hin zu Workshops für die Vermittlung von Lern- und Arbeitstechniken, die helfen sollen, gut vorbereitet in den Lernprozess einzusteigen. Darüber hinaus sind Themen, wie z.B. die Struktur der Hochschule und des Fachbereiches, der Aufbau des Studiums sowie Aktivitäten am Hochschulort noch weitere Angebote, um der anfänglichen Orientierungslosigkeit und Befangenheit von Erstsemestern zu begegnen und sie mit dem Studium als neue Lebensphase und den Kommilitonen vertraut zu machen.

An einzelnen Hochschulen begleiten die Erstsemestertutoren ihre Studienanfänger auch noch während des gesamten ersten Semesters mit spezifischen Angeboten. Dabei kann es sich um (un-)regelmäßige Treffen oder aber auch um eine Art Patenschaft mit individuell gestaltetem Umfang handeln.

Spezielle tutorielle Angebote gibt es oftmals für ausländische Studierende (*incomes*), die von sogenannten Globus-Tutoren, Buddies oder interkulturellen Peer Tutoren betreut werden. Ihnen allen gemeinsam ist, dass sie den *foreign students* den Start an der Hochschule und vor allem am Hochschulort (und in Deutschland) erleichtern.

Folgende Begrifflichkeiten sind in der Hochschullandschaft für die Gruppe der Tutoren in der Studieneingangsphase zu finden:

- ✓ Erstsemestertutoren
- ✓ Orientierungstutoren

- ✓ Studienpaten
- ✓ Vertrauenstutoren
- ✓ Tutoren der Studierwerkstatt
- ✓ GLOBUStutoren
- ✓ Mentoren
- ✓ Peer-to-Peer Mentoren
- ✓ Buddies
- ✓ Interkulturelle Peer Tutoren
- ✓ SETler-Studieneingangsteamer
- ✓ Studienscouts
- ✓ Lernbegleiter
- ✓ Peer Learning Tutoren
- ✓ Tutoren für Brücken- bzw. Vorkurse

Sie alle helfen, den Studieneinstieg zu erleichtern und die Studier-
fähigkeit der Studienanfänger zu erhöhen. Schon mit einer gelungenen Einführungswoche kann die Motivation gestärkt und einem
Studienabbruch entgegengewirkt werden.

Fachtutoren

Ein Fachtutor unterstützt seine Tutanden fachlich und begleitend
zu einer klassischen Vorlesung, beispielsweise im Fach Mathematik oder Chemie. Das Fachtutorium dient dann im Wesentlichen der
Vorbereitung auf die Klausuren. Der Tutor vertieft den Lernstoff
der Lehrveranstaltung und übt ihn praktisch anhand von konkreten
Aufgaben ein, die von den Tutanden gelöst oder vom Tutor erklärt
werden. Fachtutoren vermitteln somit in ihren Fachbereichen bzw.
Fakultäten inhaltlichen Lernstoff – entweder vor Semesterbeginn,
semesterbegleitend oder als Blockveranstaltung.

Neben diesem klassischen Beispiel gibt es noch viele weitere
Fachtutoren mit speziellen Aufgabengebieten. Exemplarisch werden im Folgenden einige dargestellt:

- ✓ E-TUTOREN begleiten und unterstützen Online-Lehr- und Lernprozesse. Sie sind für die Studierenden fachliche Lernbegleiter,
  Ansprechpartner bei Fragen und Problemen oder Moderatoren
  in Foren. Daneben beraten sie oftmals auch Lehrende beim Einsatz oder der Nutzung einer Lernplattform.
- ✓ SCHREIBTUTOREN helfen Studierenden beim Verfassen wissenschaftlicher Arbeiten, bieten thematische Workshops oder

Sprechstunden an, in denen individuelle Fragen und Probleme rund um das Thema Schreiben geklärt werden.

- ✓ MEDIENTUTOREN bieten den Tutanden Hilfestellung im Umgang mit Medien im Studium an, wie z.b. mit Office-Programmen. Auch die Formatierung von wissenschaftlichen Arbeiten oder das Erstellen von Präsentationen kann hier im Vordergrund stehen.
- ✓ An einigen Hochschulen gibt es sogenannte (PEER-)TUTOREN FÜR SCHLÜSSELQUALIFIKATIONEN. Sie vermitteln in ihren Tutorien außerfachliches Wissen, wie beispielsweise Präsentationstechniken, Zeitmanagement, Lesetechniken etc.
- ✓ An der Hochschule Niederrhein gibt es neuerdings eine besondere Gruppe von Fachtutoren (bestenfalls Master-Studierende) – die REPETITOREN. Mit einem Repetitorium ist hier eine Unterrichtsform gemeint, in der in kleinen Lerngruppen die komprimierte Wiederholung der Vorlesungsinhalte im Mittelpunkt steht. Als Präsenzübung dienen Repetitorien der gezielten Klausurvorbereitung für vorab identifizierte, lernungeübte Studierende.
- ✓ LERNSCOUTS sind Studierende, die das Selbststudium unterstützen und hier beratend tätig werden, indem sie Lerngruppen fachlich betreuen. Diese Angebote sind in der Regel modulbezogen und prüfungsvorbereitend. Manchmal werden sie als Peer Facilitators tituliert, als ein Gleicher unter Gleichen, der Verantwortung für die Lernprozesse in der Gruppe trägt.

Sicherlich wäre eine Vereinheitlichung der Begriffe von großem Vorteil, würde mehr Transparenz schaffen und manche hochschuldidaktische und -politische Diskussion abkürzen. Mit der Schärfung der Begrifflichkeiten könnten die Weiterbildungsmaßnahmen für Tutoren noch zielgruppengerechter konzipiert, ausgeschrieben und angeboten werden. Auch Teilnahmebescheinigungen und Zertifikate, die gerne als Zusatzqualifikation zu Bewerbungen beigelegt werden, könnten genauer ausgestellt werden, denn nicht jeder Personalchef weiß beim Lesen von Bewerbungsunterlagen um die Unterschiede.

Da sich aber an vielen Hochschulen bestimmte Begrifflichkeiten längst etabliert haben, wird es nicht möglich sein, kurzfristig die Terminologie in der Hochschullandschaft zu vereinheitlichen. (Vgl. Kröpke, 2014, S. 21ff.)

1.2 Fit für den Einsatz! Qualifizierung von Tutoren als optimale Vorbereitung

Um all diese Tutoren bestmöglich auf ihren Einsatz vorzubereiten, müssen sie zielgenau geschult werden. So sind im Tutorenprogramm der Hochschule Niederrhein beispielsweise alle Schulungen auf die entsprechenden Zielgruppen zugeschnitten, um sie hochschuldidaktisch für ihre jeweils unterschiedlichen Aufgaben in den Fachbereichen zu qualifizieren. Auf diese Weise werden wertvolle Schlüsselkompetenzen sowohl für die Vorbereitung, Durchführung und Reflexion der Tutorien als auch für das Studium und den späteren Beruf erworben. „Die einzelnen Seminare sind auf die entsprechenden Zielgruppen abgestimmt. So werden die Erstsemester-Tutoren im Hinblick auf eine erfolgreiche Einführungswoche geschult; Fachtutoren erhalten u.a. wertvolle methodisch-didaktische Tipps hinsichtlich der Gestaltung ihrer Fachtutorien. Tutoren der Studierwerkstatt müssen auf die Vermittlung von Lern- und Arbeitstechniken geschult werden." (Kröpke, 2008, S. 221)

Voraussetzungen zur Erlangung des Zertifikates		
Erstsemestertutoren	Fachtutoren	Repetitoren
Gestaltung der Einführungstage	Methodik und Didaktik	Beraten und Begleiten
Studierwerkstatt I Fit durchs Studium		
Studierwerkstatt II Optimale Prüfungsvorbereitung		
Gruppenprozesse erkennen und steuern	Gruppenprozesse erkennen und steuern	
Erfolgreich vortragen und präsentieren	Erfolgreich vortragen und präsentieren	„Lernen lernen" – effektive Prüfungsvorbereitung
Strukturierte (kollegiale) Beobachtung in einem Tutorium bzw. Repetitorium		
Abschlussgespräch		

Abbildung 3: Voraussetzungen für das „Zertifikat für Tutoren und Repetitoren" (Quelle: eigene Darstellung)

Seit dem Sommersemester 2003 gibt es an der Hochschule Niederrhein ein implementiertes Tutorenprogramm mit unterschiedlichen

Schulungen für Tutoren, die systematisch aufgebaut sind und nach Erfüllung bestimmter Voraussetzungen zum Erwerb des *Zertifikats für Tutoren und Repetitoren* führen. Um dieses Zertifikat zu erwerben,

✓ werden Seminare besucht, die auf die Tätigkeit der Tutoren zugeschnitten sind;
✓ erfolgt eine Hospitation in einem Tutorium mit einem Feedback-Gespräch;
✓ wird ein Reflexionsgespräch geführt, in dem das theoretisch Gelernte in Bezug auf das eigene Tutorium reflektiert wird.

Das Tutorenprogramm, angesiedelt im Hochschulzentrum für Lehre und Lernen (HLL) im Ressort des Vizepräsidenten für Studium und Lehre, ist ein additives und fachbereichsübergreifendes Qualifizierungsangebot.

In jedem Seminar des Qualifizierungs- und Zertifizierungsangebotes stehen die Tutoren im Mittelpunkt. Ein lebendiger Erfahrungsaustausch sowie die Vermittlung wissenschaftlicher Erkenntnisse, die in ihrem Verständlichkeitsgrad an die Zielgruppe angepasst sind, fördern das Lernen von- und miteinander. Eine Zielgruppenanalyse sowie die Erwartungsabfrage in jedem Seminar machen es möglich, an die Lernerfahrungen der Tutoren anzuknüpfen, Diversity-Aspekte zu berücksichtigen und Seminarinhalte sowie die Vorgehensweise im Workshop jeweils an die Teilnehmer anzupassen.

Die Methodik und Didaktik in den Qualifizierungsmaßnahmen ist teilnehmerorientiert angelegt und berücksichtigt Aspekte des *Kooperativen Lernens*. Alle Methoden, Praxisbeispiele, Übungen und Simulationen werden nahe am Lehralltag der jeweiligen Zielgruppe konzipiert und ausgewählt, damit der Transfer in die eigenen Tutorien möglich ist. Von daher werden die Methoden in den Schulungen nicht nur konkret erlebt, sondern auch ausprobiert und reflektiert (*Prinzip des pädagogischen Doppeldeckers*). So wird gewährleistet, dass die Tutoren zu einem eigenen Lehrstil finden, denn nach einem konstruktivistischen Ansatz soll der Tutor nicht mehr bloß Wissensvermittler sein, sondern sich viel eher als Lernprozessbegleiter verstehen, der entsprechende Lernangebote schafft. Um dieses Ziel zu erreichen, haben die Tutorentrainer bereits schon in den Tutorenschulungen mit ihrem methodisch-didaktischen Handeln und einer etablierten Feedback-Kultur eine Vorbildfunktion (*Lernen am Modell*).

1.2.1 Schulungsinhalte in der Ausbildung von Tutoren

In Tutorenschulungen geht es nicht vorwiegend um die Vermittlung von fachlichen Inhalten, sondern mehr um die Entwicklung der methodischen und didaktischen Kompetenzen von Tutoren. Auch wenn die Tutorenprogramme an den Universitäten und Hochschulen in ihrem Umfang unterschiedlich angelegt sind, so gleichen sich doch viele Schulungsinhalte, wie beispielsweise:

✓ Vortragen und Präsentieren
✓ Interkulturelle Kompetenz
✓ Methodik und Didaktik (Planung von Tutorien)
✓ Einstiegssituationen optimal gestalten
✓ Lern- und Arbeitstechniken (Lernen lernen)
✓ Gruppendynamik
✓ Die Rolle des Tutors
✓ Motivierung von Tutanden
✓ Umgang mit schwierigen Teilnehmern
✓ Grundlagen der Kommunikation und Gesprächsführung

Damit erwerben Tutoren zusätzlich wertvolle Soft Skills, wie z.B. Sozial-, Methoden- und persönliche Kompetenzen. Diese lassen sich nicht nur in der Tutorentätigkeit einsetzen, sondern auch ganz allgemein im Studium oder im späteren Berufsleben. (Vgl. Kröpke/Szabo-Batancs/Bock, 2012, S. 124)

Durch die Qualifizierung der Tutoren wird das interdisziplinäre Lernen gefördert. Die Schulungen bieten Raum für kollegialen Erfahrungsaustausch und die Möglichkeit fachbereichsübergreifende Netzwerke zu bilden. Die Tutoren reflektieren ihre eigene Rolle und lernen und erleben Inhalte und Herangehensweisen, um ihre Tutorien erfolgreich zu gestalten. Indem sie ihre eigenen Stärken, Schwächen und Kompetenzen reflektieren, erlangen die Tutoren mehr Sicherheit für ihre Lehrtätigkeit. Sie lernen, mit der Diversität der Tutanden umzugehen. In Simulationen können sie ihre erworbenen Kompetenzen erproben und ein fachliches Feedback dazu erhalten. Darüber hinaus sollen Tutoren aktivierende (kooperative) Lehr- und Lernmethoden kennenlernen. Auch dazu benötigen sie die reflexive und diskursive Ebene, um die Lerninhalte, sprich die neuen Lehrmethoden, für sich umzusetzen, in ihre Bezugssysteme zu integrieren und damit den Transfer auf das eigene Tutorium zu gewährleisten.

Exkurs: Die Kooperation zwischen Professoren und Tutoren

Mit den Schulungen werden die Tutoren didaktisch ausgebildet; die fachliche Unterstützung muss jedoch durch den jeweiligen betreuenden Dozenten gewährleistet werden. Die Zusammenarbeit zwischen Professoren und Tutoren gestaltet sich hier allerdings sehr unterschiedlich. So erfahren die einen Tutoren eine sehr gute Betreuung. Sie erleben ihren Dozenten als Ansprechpartner in allen Fragen und erhalten Aufgaben- und Lösungskataloge. Andere Tutoren dagegen müssen ihre Tutorien völlig auf sich allein gestellt, vorbereiten und durchführen und haben so gut wie gar keinen Kontakt zu ihrem Professor.

Die Tutoren übernehmen eine Scharnierfunktion und tragen zu einer wichtigen Wechselbeziehung im studentischen Lernprozess bei. Daher lässt sich nur durch eine enge Lehrgemeinschaft ‚Professor–Tutor' die Lerngemeinschaft ‚Tutor–Studierender' unterstützen.

Für eine gelungene Kooperation zwischen Professoren und Tutoren bieten sich folgende Angebote an:

- ✓ Der Professor ist als konkreter Ansprechpartner für seine Tutoren präsent.
- ✓ Aufgabenkataloge inkl. Lösungen sowie Probeklausuren werden für die Tutoren zur Verfügung gestellt.
- ✓ Kontinuierliche Betreuung während des Semesters, z.B. durch E-Mail Kontakt oder persönliche Treffen, um organisatorische, fachliche und ggf. methodische Absprachen zu treffen, Informationen auszutauschen und Probleme zu besprechen.
- ✓ Tutoriumsbesuch (Hospitation) durch den Dozenten mit einem Feedback-Gespräch.
- ✓ Konkrete Absprachen über die Aufgaben und Pflichten eines Tutors im Fachbereich.
- ✓ Gemeinsame Besprechung von Evaluationsergebnissen aus den Tutorien.
- ✓ Motivation zur Teilnahme an Qualifizierungs- und Zertifizierungsprogrammen für Tutoren.
- ✓ Aufgaben und Ideen von Tutoren fließen in die Lehre ein.
- ✓ Exkursionen und Dankeschön-Aktionen erhalten die Motivation der Tutoren.

Die Erfahrungen an der Hochschule Niederrhein haben gezeigt, dass sich eine sorgfältige Unterstützung der Tutoren langfristig auswirkt. Ist die intensive Begleitung der Tutoren zunächst noch Mehrarbeit für den Professor, so bleiben motivierte Tutoren oftmals länger in dem vertraglichen Arbeitsverhältnis, arbeiten sogar noch neue Tutoren ein und schaffen damit eine Arbeitsentlastung für den Dozenten. Nur ein Zusammenspiel von Professoren und Tutoren kann die Lehr- und Lernerfolge optimieren. „In der Arbeit mit Tutoren übernimmt der Lehrende eine verantwortungsvolle Rolle. [...] Gleichzeitig erfordert die hohe Qualität einen zeitlichen Aufwand bei der Betreuung von Tutoren, auf den sich der Lehrende einlassen sollte. Der Teamgedanke, Lehrender und Tutor agieren gemeinsam, zeigt [...] einen erfolgreichen Weg auf." (Kirsch, 2013, S. 152)

1.2.2 Qualifizierungsformate in der Ausbildung von Tutoren

Mit dem Blick in die Hochschullandschaft gibt es in der Weiterbildung für Tutoren verschiedene Formate mit unterschiedlich zeitlichem Umfang, wie z.b.:

- ✓ Workshops, Seminare, Schulungen, Trainings, Module
- ✓ Hospitationen bzw. Kollegiale-/Peer-Hospitationen
- ✓ Gruppensupervisionen
- ✓ Abschlussgespräche, Reflexionstreffen
- ✓ Portfolios, Lernberichte
- ✓ Tutorenwerkstätten zu ausgewählten methodisch-didaktischen Fragestellungen

Meist sind es **Präsenzveranstaltungen** (Workshops, Seminare, Schulungen, Trainings, Module), in denen die Tutoren thematisch auf ihre Tätigkeit vorbereitet werden. Sie finden in der Regel als Blockveranstaltung statt, da hier in einem größeren zeitlichen Rahmen intensiv gearbeitet, reflektiert und ausprobiert werden kann.

Der zeitliche Umfang variiert dabei von Mini-Workshops über zwei Stunden bis hin zu zwei-bis dreitägigen Veranstaltungen. Auch externe Seminare – Wochenend-Kompaktseminare in einer Jugendherberge oder einem Tagungshaus – haben sich bewährt. Hierbei gibt es meist keine Kollisionen mit den umfangreichen Stundenplänen. Darüber hinaus gibt es noch den Anreiz mit Kommilitonen wegzufahren, wobei der Spaßfaktor garantiert ist.

Die Schulungen sollten zielgruppenspezifisch angeboten und entsprechend methodisch-didaktisch optimal vorbereitet werden.

Darüber hinaus haben sich **Hospitationen** in der Praxis bewährt. Wenn die Tutoren zunächst auch sehr aufgeregt sind, so beurteilen sie das persönliche und individuelle Feedback nach der teilnehmenden Beobachtung immer als besonders wertvoll.

Hospitationen sind Tutoriumsbesuche, bei denen die Tutoren während eines Tutoriums nach bestimmten Kriterien beobachtet werden. Diese strukturierte Beobachtung kann durch Mitarbeiter des Tutorenprogramms oder von anderen Studierenden in Form einer *Kollegialen- bzw. Peer-Hospitation* erfolgen. Die Beobachtungen werden anhand von Leitfragen kurz protokolliert.

Dabei kann die Beobachtung u.a. folgende Punkte umfassen:

✓ AUFBAU DES TUTORIUMS
   Gibt es einen *roten Faden* (Einleitung, Hauptteil und Schluss)?

✓ METHODISCHES VORGEHEN
   Welche Lehr- und Lernformen wurden ausgewählt? Passen diese zu den Inhalten?

✓ EINSATZ UND UMGANG MIT MEDIEN
   Welche Medien werden eingesetzt? Ist die Medienauswahl auf die Inhalte abgestimmt? Wie ist die technische Handhabung?

✓ VORTRAGSSTIL
   Verbale und nonverbale Faktoren (Lautstärke, Sprechtempo, Sprechpausen, Artikulation, Störlaute, Blick, Haltung, Gestik, Mimik).

✓ TEILNEHMERAKTIVIERUNG
   Wie werden die Teilnehmer aktiviert? Durch Übungen, Fragen etc.?

Im Anschluss an die Hospitation erfolgt ein Feedback-Gespräch, in dem zunächst das *Selbstbild* des Tutors erfragt wird, d.h. die Frage an den Tutor gestellt wird, wie er das Tutorium selbst erlebt hat; anschließend erhält der Tutor auf der Basis von Beobachtungsnotizen ein Feedback, bei dem Stärken bekräftigt werden sollten, Schwächen aufgezeigt und Verbesserungen vorgeschlagen werden können. Dabei sollten die Feedback-Regeln eingehalten werden und die Motivation der Tutoren im Vordergrund stehen.

Hospitationen sind keine Überraschungsbesuche, deshalb werden die Hospitationstermine im Vorfeld abgesprochen: Wann hospitiert wer, in meinem Tutorium?

Abschlussgespräche oder Reflexionen zum Ende einer Tutorenqualifizierung können schriftlich in Form eines Lernberichtes oder

Portfolios erfolgen oder auch als Gruppen- oder Einzelgespräch stattfinden. Sie haben zum Ziel die Inhalte der Schulungen noch einmal zu reflektieren sowie Möglichkeiten des Transfers der Inhalte auf eigene Tutorien zu diskutieren.

Fallbeispiele und Leitfragen helfen beim Reflektieren:
- ✓ Was waren zentrale Schulungsinhalte für mich? Welche Inhalte und Methoden konnte ich sinnvoll im Tutorium einsetzen?
- ✓ Wie sehe ich meine Rolle als Tutor? Welche Kompetenzen muss ein Tutor mitbringen?
- ✓ Welche Worst-Case-Szenarien gibt (gab) es und welche Problemlösestrategien habe ich eingesetzt?
- ✓ Was ist im Tutorium gut bzw. schlecht gelaufen?
- ✓ An welchen Punkten möchte ich gerne noch weiter arbeiten?

Es ist von Hochschule zu Hochschule unterschiedlich, ob die Ausbildung von Tutoren ein verpflichtendes oder ein zusätzliches Angebot ist. Unabhängig davon müssen die Formate immer an die jeweiligen strukturellen Bedingungen der Hochschule, die zur Verfügung stehenden Ressourcen und die zu qualifizierenden Zielgruppen angepasst werden. Soll es eine Zertifizierung für Tutoren an der Hochschule geben, so müssen die Angebote in jedem Semester sichergestellt werden, da die Tutoren oftmals auf Grund ihres eigenen Studiums nicht immer alle Voraussetzungen innerhalb eines Semesters erfüllen können.

Was Tutoren sich oftmals wünschen, ist eine Schulung vor ihrem ersten Einsatz und dann weitere Angebote während des Semesters. Damit ist gewährleistet, dass die Tutoren gut vorbereitet und mit weniger Lampenfieber starten können. Leider lassen das die Rahmenbedingungen einer Hochschule nicht immer zu, da viele Tutoren erst sehr spät im Semester ihre Verträge bekommen und eine Qualifizierung vorwiegend mit einem Tutorium von Interesse ist. Finden die Schulungen erst zu einem späteren Zeitpunkt im Semester statt, müssen die Tutoren oftmals schon den Sprung in das kalte Wasser wagen. Diese ersten Erfahrungen sollten dann mit in die Qualifizierung einfließen und reflektiert werden.

1.3 Ohne Moos nichts los!
Anreize für Tutoren schaffen

Tutoren sehen mit der Übernahme eines Tutoriums eine Möglichkeit, ihr Studium zu finanzieren, was allerdings vergütungstechnisch nicht unbedingt im Wettbewerb mit anderen studentischen Nebenjobs mithalten kann. Daher sollten an Hochschulen weitere Anreizsysteme für Tutoren geschaffen werden. Damit wird nicht nur die Rekrutierung von Tutoren leichter, Tutoren lassen sich so auch längerfristig an ihre Hochschule binden. Dies ist im Hinblick auf die wissenschaftliche Personalentwicklung, aber vor allem hinsichtlich einer Optimierung der Qualität in der Lehre von Bedeutung.

Folgende Auflistung zeigt unterschiedliche Anreizsysteme für Tutoren:

✓ ARBEITSVERTRAG
Für ihren Einsatz erhalten die Tutoren einen Arbeitsvertrag als studentische oder wissenschaftliche Hilfskraft und werden damit ganz offiziell durch einen Stundenlohn, der von Hochschule zu Hochschule variiert, für ihre Tätigkeit vergütet.
Vorbildfunktion haben hier Berliner Hochschulen, die stabile und abgesicherte Arbeitsbedingungen sogar mit studentischen Personalvertretungen garantieren und damit eine qualifizierte Tutorienarbeit unterstützen. (Vgl. George, 2013, S. 24f.)

✓ VERGABE VON CREDIT POINTS
Im Rahmen von Schlüsselqualifikationsmodulen werden an einigen Hochschulen oder auch Fachbereichen für die Tutorentätigkeit, also für die Übernahme eines Tutoriums und/oder die Teilnahme an einer Tutorenqualifizierung Credit Points vergeben, was für die meisten Tutoren sehr interessant ist.

✓ ZERTIFIKAT
Zertifikate werden nach Abschluss einer Tutorenqualifizierung erstellt und bescheinigen dem Tutor den überfachlichen Erwerb von Schlüsselkompetenzen, wie Methodik und Didaktik, Vortragstechnik etc. Diese Kompetenzen sind nicht nur vorteilhaft für Tutorium und Studium, sondern auch für die Bewerbung bei einem Arbeitgeber bzw. im späteren Berufsleben.

✓ ARBEITSZEUGNIS
Ein Zeugnis über die fachlichen Leistungen kann der betreuende Professor ausstellen; es ist in Kombination mit einem Zertifikat für Tutoren eine gute zusätzliche Leistungsbescheinigung.

✓ TEILNAHMEBESCHEINIGUNGEN
Werden beispielsweise nur einige Seminare im Rahmen eines Zertifizierungsprogramms besucht, können diese auch bescheinigt werden.

✓ AUSLOBUNG VON PREISEN
Die Vergabe von Tutorenpreisen, wie z.B. an der Hochschule Niederrhein, honoriert und würdigt noch einmal ganz besonders die Leistung und das Engagement von Tutoren. Dabei dürfen diese Preise allerdings nicht verschleudert werden. Eine umfangreiche Bewerbung, eine offiziell zusammengesetzte Jury und ein systematisches, nach bestimmten Kriterien angelegtes Auswahlverfahren steigert die Wertigkeit des Preises. (Vgl. www.hs-niederrhein.de/tutorenprogramm)

Die Preise sollten dann feierlich vergeben werden, beispielsweise auf einem Empfang, zu dem der Vizepräsident für Studium und Lehre die Tutoren einlädt.

✓ WÜRDIGUNG VON TUTOREN DURCH EINEN EMPFANG
Eine Einladung durch den Vizepräsidenten für Studium und Lehre zu einem Tutorenempfang würdigt alle, aber vor allem auch zertifizierte Tutoren sowie Tutorenpreisträger noch einmal ganz besonders für ihre wertvolle Unterstützung in der Lehre.

Matheis und Worth haben eine Übersicht mit möglichen Anreizen zur Rekrutierung und Bindung von Tutoren erstellt. Monetäre sowie nicht-monetäre Anreize in Verbindung mit intrinsischer und extrinsischer Motivation geben einen anschaulichen Überblick zu dieser Thematik:

	Extrinsche Motivation				Intrinsische Motivation
	Materielle Anreize		Immaterielle Anreize		
	Finanzielle Anreize	Geldwerte Anreize	Soziale Anreize	Oranisationale Anreize	Anreize der Arbeit selbt
Beispiele	Studentischer Arbeitslohn Erlass der Studiengebühren für ein Semester Auslobung von Wettbewerben mit Geldpreisen	Vergünstigungen (z.B. für die Regelstudienzeit) Gutscheine Fortbildungen	Annerkennung/ Status kontakt mit Studierenden aus anderen Semestern Zusammenarbeit mit anderen tutorInnen/ ProfessorInnen Kennen lernen der Organisation Hochschule	Studienfreundliche Arbeitszeiten Arbeiten und Studieren an einem Ort Anerkennung von studienleistungen (ECTS) Öffentlichkeitswirksame Auszeichnungen Zertifikat	Arbeitsinhalt Gruppenleitung Lern- und Entwicklungsmöglichkeiten Freude am teilen von Wissen/Erfahrungen

Abbildung 4: Anreizsysteme für Tutoren (Nach: Matheis/Worth, 2013, S. 90)

Zusammenfassend wird deutlich: Je mehr Studierende für eine Tutorentätigkeit begeistert und nachhaltig motiviert werden sollen, desto facettenreicher müssen die zu schaffenden Anreizsysteme werden.

2. Best-Practice-Baustein: Planung, Durchführung und Nachbereitung von Tutorien

Wie bereits erwähnt, sind die Tutorenprogramme oftmals an Bedarf, Ressourcen und Rahmenbedingungen der einzelnen Hochschulen angepasst und damit ganz unterschiedlich aufgebaut. Dennoch gibt es inhaltliche Schwerpunkte, die fast überall vorkommen und sich über lange Jahre in der hochschuldidaktischen Praxis bewährt haben. Dabei macht es keinen Unterschied, ob ein Tutor an einer Fachhochschule oder an einer Universität angestellt ist. Die Fragen und Unsicherheiten, gerade wenn ein Tutorium zum ersten Mal angeboten wird, sind die gleichen. Daher ist die Dankbarkeit für Best-Practice-Beispiele groß.

Die im Folgenden vorgestellten Themen-Bausteine sind didaktisch reduziert auf die Zielgruppe der Tutoren, die Basiswissen und hauptsächlich praktische Tools für ihre Lehre in den Tutorien benötigen. Von daher werden die Bausteine, die für die Planung, Durchführung und Nachbereitung von Tutorien von zentraler Bedeutung sind, praxisnah beschrieben. Die Tutoren erhalten Grundlagenwissen und konkrete Tipps für die Praxis. Auch die Tutorentrainer können die Inhalte für ihre Schulungen nutzen. Für sie gibt es darüber hinaus Methodentipps für die Umsetzung. Dabei werden nur die Methoden beschrieben, die sich in meiner Praxis erfolgreich bewährt haben. Manche Methoden findet man in der Literatur unter einem anderen Namen. Selbstverständlich lassen sich alle Methoden kreativ variieren und individuell einsetzen. Dutzende von Methodensammlungen laden darüber hinaus zum Stöbern ein und bieten einen breiten Fundus an Anregungen, Spielen und Übungen beinahe für jedes Thema und jede Lernphase.

Mit einer klaren Gliederung bietet dieses Baukastensystem die Möglichkeit, sich ein Weiterbildungsprogramm für Tutoren *à la carte*, d.h. angepasst an den Bedarf und die Rahmenbedingungen der jeweiligen Hochschule, zusammenzustellen.

2.1 Tutorien optimal planen – methodisch-didaktische Grundlagen

Tutoren erleben ihre Dozenten in Vorlesungen und Seminaren und sind nicht immer ganz zufrieden mit dem Ablauf der Lehrveranstaltungen. Auch Tutorien, die sie selbst als Teilnehmer besucht haben, werden nicht immer für gut erachtet. Oftmals ist ihr Anspruch als Tutor: *„Ich möchte das alles besser machen und den Studierenden ein gutes Vorbild sein! Nur wie?"*

Um die Tutorien anders zu gestalten, bedarf es grundlegender Kenntnisse über die Didaktik und Methodik. In der (tutoriellen) Lehre geht es immer um die Fragen nach dem *Was?* und dem *Wie?* Während es im Hochschulalltag häufig mehr um das ‚*Was lehre/lerne ich?*' geht, sollte das ‚*Wie lehre/lerne ich?*' – gerade im Hinblick auf ein nachhaltiges Lernen – nicht vergessen werden. Tutoren sollten „... ein Gespür dafür entwickeln wann und für was welche Arbeits- oder Präsentationsform angemessen ist." (Knauf, 2005, S. 4)

Doch zunächst einmal:

WAS HEISST DIDAKTIK?
Didaktik ist die Lehre vom Lehren und Lernen. Bei der Didaktik geht es in erster Linie um die gezielte Vermittlung von Fachinhalten, mittels einer bestmöglichen Verständlichkeit. Didaktik ist die Lehre vom WAS?

WAS HEISST METHODIK?
Methodik ist ein Teilbereich der Didaktik. Sie umfasst die methodischen Überlegungen zur Gestaltung von Lehr- und Lernprozessen, d.h. in welcher Art und Weise bestimmte Inhalte vermittelt werden sollen. Methodik ist die Lehre vom WIE?

Um methodisch-didaktische Wirkungszusammenhänge anschaulich darzustellen, bietet sich das Bild eines Mobiles an. Das Mobile veranschaulicht die Wechselwirkung aller beteiligten Faktoren. Das Besondere dabei ist, dass alle Teile in Bewegung, einander zugeordnet und im Gleichgewicht sind. Gerät jedoch nur eines davon in eine Schieflage, hat das ein Ungleichgewicht zur Folge und nichts ist dann mehr im Lot.

Transferiert auf ein Tutorium heißt das, dass alle Komponenten gleichermaßen bei der Vorbereitung und später bei der Durchführung berücksichtigt werden müssen. Wird nur ein Einflussfaktor entfernt oder zu stark gewichtet, kommen alle anderen aus der Balance, was negative Folgen für das Tutorium haben kann. Hat der Tutor sich z.b. im Vorfeld über die Größe der Gruppe keine Gedanken gemacht, ist er überrascht, wenn 20 Tutanden anwesend sind, der reservierte Raum allerdings nur für 10 Personen ausgerichtet ist. Schon durch diesen Umstand kann die Qualität eines Tutoriums geschmälert werden.

Der besondere Charme eines Mobiles ist, dass durch die Querstreben und die einzelnen Elemente eine Balance hergestellt wird und es dennoch immer in Bewegung ist. Dies ist mit gruppendynamischen Prozessen in einem Tutorium gut zu vergleichen. Je mehr die einzelnen Komponenten im Gleichgewicht sind, desto größer die Lernerfolge, die Aktivitäten, der Austausch in einer Gruppe. (Vgl. Knoll, 2007, S. 35ff.)

Folgende Aspekte zeichnen das didaktische Mobile aus:

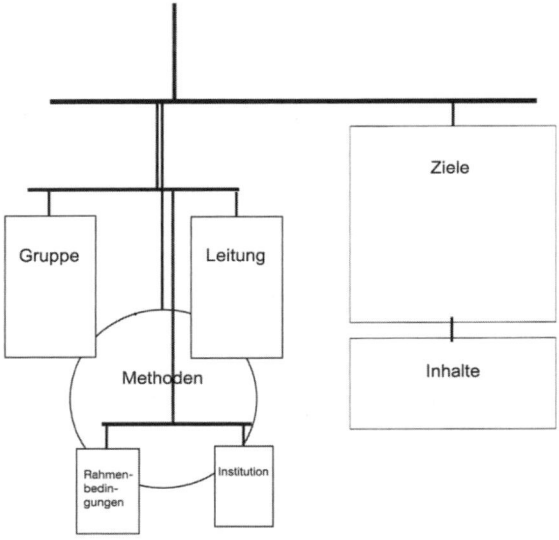

Abbildung 5: Didaktisches Mobile (Entnommen aus: Knoll, 2007, S. 36)

Damit der Tutor die erste Tutoriumsstunde positiv erlebt, sollte er in der Vorbereitungsphase für sein Tutorium folgende Aspekte mit bedenken bzw. mögliche Antworten auf die Fragen finden:

GRUPPE – FÜR WEN PLANE ICH DAS TUTORIUM?

- ✓ Wie alt sind die Tutanden?
- ✓ Wie groß ist die Gruppe?
- ✓ Wird es mehr Männer oder Frauen geben?
- ✓ Welche Vorkenntnisse werden mitgebracht?
- ✓ Wie steht es um die Lerngewohnheiten der Studierenden?
- ✓ Welche Erwartungen haben die Tutanden an das Tutorium?
- ✓ Gibt es wohl Sprachprobleme?
- ✓ Ist es ein freiwilliges oder ein verpflichtendes Tutorium; wie sieht es mit der Motivation aus?

LEITUNG – ICH ALS TUTOR

- ✓ Wie umfangreich ist mein eigenes Fachwissen?
- ✓ Wie stehe ich zur Gruppe?
- ✓ Über welche methodisch-didaktischen Kenntnisse verfüge ich?
- ✓ Welche Lerntipps kann ich vermitteln?
- ✓ Gibt es schon Erfahrung in Gruppenleitung und kann ich diese ggf. einsetzen?
- ✓ Wie sieht meine eigene Motivation aus?
- ✓ Wie sehe ich meine Rolle als Tutor?

METHODEN – WIE LASSEN SICH DIE INHALTE VERMITTELN?

- ✓ Eine sinnvolle Methodenauswahl ist wichtig und förderlich für Lernerfolge.
- ✓ Methoden können sowohl zum Einstieg, zum Wissenserwerb als auch zum Abschluss des Tutoriums eingesetzt werden.
- ✓ Die Auswahl ist immer abhängig von den Inhalten, den Lernzielen, den Teilnehmern, den Rahmenbedingungen und letztendlich auch vom jeweiligen Tutor. Nur wenn er von einer Methode selbst überzeugt ist, kann er die Inhalte mit dieser auch gut und motiviert vermitteln.
- ✓ Methodische Fantasie entwickeln, d.h. Methoden können auch kreativ bzw. passend abgeändert werden.
- ✓ Ein Methodenwechsel im Tutorium erhöht in der Regel die Aufmerksamkeit bei den Studierenden.
- ✓ Je höher die Teilnehmeraktivität, desto geringer die Aktivität des Tutors, der dann zunehmend mehr zum Moderator oder Lernbegleiter wird.
- ✓ Methoden müssen klar und präzise angeleitet werden.

✓ Methodenbeispiele:
- Darbietende Methoden: Kurzvortrag, Referat, Film etc. Die Teilnehmer werden zu Zuhörern und sind damit weitgehend passiv.
- Mit Anfangs- und Einstiegsmethoden lernen sich die Teilnehmer kennen, knüpfen erste Kontakte untereinander und bauen somit Unsicherheiten ab. Neben der Klärung von Erwartungen und Befürchtungen erfolgt eine kurze Themenorientierung.
- Kommunikative und kooperative Gesprächsverfahren, also Lehrgespräche, gelenkte Unterrichtsgespräche, Gruppengespräche, Diskussionen etc. Die Teilnehmer werden zu aktiven Gesprächspartnern.
- Aktivierende Lehrmethoden: Rollenspiel, Fallbeispiel, Planspiel, Partnerarbeit, Kleingruppenarbeit etc. (Teilnehmer werden zu aktiven Lerngestaltern.)
- Methoden mit Spielcharakter: Pantomime oder Kooperationsspiele.
- Kreativ-meditative Methoden, wie z.b. Bild-Assoziationen, Collagen etc.

RAHMENBEDINGUNGEN – WELCHE ÄUSSEREN GEGEBENHEITEN MÜSSEN BEDACHT WERDEN?

✓ Werbung – wie, was, wann, wo?
✓ Wo findet das Tutorium statt?
✓ Zu welcher Zeit wird es angeboten?
✓ Wie sieht die technische und mediale Raumausstattung aus?
✓ Welche Materialien (Kreide, Folien, Folienstifte etc.) werden benötigt? Sind sie vorhanden?
✓ Wie ist die Tisch- bzw. Stuhlanordnung im Raum?

INSTITUTION – WOMIT MUSS ALS EINFLUSS VON INSTITUTIONELLEN GEGEBENHEITEN GERECHNET WERDEN?

✓ Werden Arbeitsverträge geschlossen? Wann?
✓ Wie sieht die Kooperation Professor – Tutor aus?
✓ Gibt es Qualifizierungs- bzw. Zertifizierungsprogramme für Tutoren an der Hochschule?

✓ Lernziele müssen vor der Entwicklung einer Lehr- und Lerneinheit festgelegt werden (Was ist das angestrebte Endverhalten?
Was sollen die Tutanden am Ende wissen bzw. können? Wo liegt
der persönliche Mehrwert?).

✓ Lernziele werden in drei verschiedenen Ebenen untergliedert:
  • *Richtziele* sind übergreifend und eher allgemein gefasst. Sie
    beziehen sich eher auf eine Veranstaltung. (z.B.: Die Tutanden
    können zielgruppengerecht präsentieren und überzeugen.)
  • *Grobziele* sind bezogen auf einzelne, spezifische Lehrveran-
    staltungen, sind somit schon konkreter und den Richtzielen
    untergeordnet. (z.B.: Die Tutanden kennen die Regeln zum
    Präsentieren, Visualisieren sowie Überzeugungstechniken.)
  • *Feinziele* werden für einzelne Lehr- und Lernsequenzen
    eindeutig formuliert, sind detailliert, spezifizieren und prä-
    zisieren die Grobziele. (z.B.: Die Tutoren kennen Eye- und Ear-
    catcher für ihre Zielgruppe sowie Fünf-Satz-Techniken für eine
    erfolgreiche Argumentation.)

✓ Zu den Lernzielen werden sowohl geeignete Inhalte als auch Methoden ausgewählt, mit denen das Erreichen gefördert werden
kann.

✓ Ziele müssen *SMART* sein:
  Spezifisch sein
  Messbar und prüfbar sein
  Aktuell und akzeptabel sein
  Realistisch sein (eindeutig und nachvollziehbar)
  Terminiert werden

✓ Lernziele sollten stets schriftlich formuliert und erreichbar sein!

INHALT – WAS IST DER GEGENSTAND, MIT DEM WIR UNS
BESCHÄFTIGEN MÜSSEN?

✓ Auswahl der Inhalte - *Weniger ist mehr!*

✓ Anordnung und Strukturierung.
  • Es muss ein *roter Faden*, also eine Stringenz im gesamten
    Lehr- und Lernarrangement zu erkennen sein.
  • Unterschiedlich inhaltliche und methodische Sequenzen in ei-
    nem Tutorium müssen sinnvoll miteinander verbunden wer-
    den, vergleichsweise wie die einzelnen Schichten bei einem
    Hamburger mit Soße verbunden sind.

✓ Didaktische Reduktion, d.h. das Fachwissen muss auf wesentliche Inhalte reduziert werden (Was ist das *Pflichtprogramm* für die Klausur? Was ist die *Kür*?).

„Dieses *Vollständigkeitsprogramm* resultiert allerdings aus einem Missverständnis: Fachleute sind nicht deshalb Fachleute, weil sie besonders viel wissen, sondern weil sie als Einzige wissen, was für die jeweilige Zielgruppe wichtig ist und was nicht. Deshalb besteht ihre vorrangige Aufgabe auch darin, abgestimmt auf die Zielgruppe und den zeitlichen Rahmen die *wesentlichen Dinge zu lehren.* [...] *Alles ist wichtig* gilt vielleicht beim Sicherheitscheck eines Flugzeugs, aber nur selten in der Lehre." (Lehner, 2009, S. 9f.)

Empfehlung für Tutoren: Arbeitsteilige Gruppenangebote bzw. Anknüpfen an die Erfahrungen der Teilnehmer.
✓ Anschaulichkeit und Beispiele einbauen.
✓ Pufferzeiten für die Tutoriumsstunde berücksichtigen.
✓ Orientierung an didaktische Prinzipien:
  • induktiv – vom Beispiel/Speziellen zur Regel/zum Allgemeinen
  • deduktiv – von der Regel/vom Allgemeinen zu den Beispielen/zum Speziellen
  • vom Leichten zum Schweren
  • vom Einfachen zum Komplexen

Die Wechselwirkung der beschriebenen Einflussfaktoren für die Planung eines Tutoriums noch einmal zur Veranschaulichung anders dargestellt:

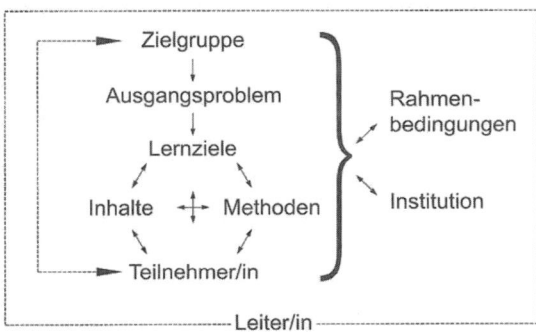

Abbildung 6: Wechselwirkung von didaktischen Planungselementen (Entnommen aus: Knoll, 2007, S. 105)

Diese Faktoren sollten in jeder Phase eines Tutoriums berücksichtigt werden, sowohl in der Einstiegs-, Arbeits- als auch in der Schlussphase. Die Auseinandersetzung mit diesen Aspekten hilft das Tutorium besser zu planen, zu strukturieren und führt damit letztendlich zu mehr Sicherheit. Ein schriftlicher Ablaufplan über die einzelnen Tutoriumsphasen ist sowohl während der Vorbereitung als auch während des Tutoriums eine hilfreiche Unterstützung. Unterschieden wird hier zwischen einem Ablaufplan für eine Tutoriumsstunde (Mikroplanung) und einem Semesterplan (Makroplanung):

BEISPIEL FÜR EINEN ABLAUFPLAN FÜR EINE TUTORIUMSSTUNDE

Tutorium:					
Seminarphasen	Zeit (min)	Lernziel/ Inhalt	Methode	Medien	Sonstiges
Einstiegsphase					
Arbeitsphase					
Transfer					
Schlussphase, Feedback, Evaluation					

BEISPIEL FÜR EINEN SEMESTERPLAN

Tutorium:					
Teilnehmerzahl:					
Rahmenbedingungen:					
Datum/Zeit	Lernziel	Lerninhalt	Methode	Medien	Sonstiges

Als ein *Kriterienmix* die Merkmale für ein gutes Tutorium noch einmal zusammenfassend dargestellt:

1. Klare Strukturierung
2. Hoher Anteil an echter Lernzeit
3. Lernförderliches Klima
4. Inhaltliche Klarheit
5. Sinnstiftendes Kommunizieren
6. Methodenvielfalt
7. Individuelle Förderung
8. Intelligentes Üben
9. Transparente Erwartungen
10. Vorbereitete Umgebung (Vgl. Meyer, 2005, S. 17f.)

Methoden-Tipp für Tutorentrainer:

ASSOZIATIONEN-STERN

Jeder Tutor schreibt ,*Planung eines Tutoriums*' in die Mitte eines DIN A4 Blattes im Querformat. In Einzelarbeit schreibt nun jeder für sich alle Ideen und Einfälle dazu sternförmig um diesen Grundbegriff.

Beispiel:

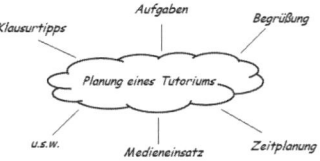

Abschließend können die persönlich wichtigsten Punkte noch unterstrichen werden. Die Assoziationen werden im Plenum vorgelesen und von der Seminarleitung am Flipchart visualisiert. (Vgl. Rabenstein, 1980, S. 20) Auf Grund dieser Sammlung und der Erfahrungen der Teilnehmer können dann die wichtigsten methodisch-didaktischen Aspekte, die bei der Planung eines Tutoriums zu berücksichtigen sind, weiter erarbeitet werden. Als Ergänzung eignet sich ein kleiner theoretischer Input mittels einer Power-Point-Präsentation über das Didaktische Mobile. Bei jedem Einflussfaktor sollte der Transfer zum eigenen Tutorium anschaulich und beispielhaft sichergestellt werden.

Als Alternative lässt sich ein didaktisches Mobile auch als Modell einsetzen.

Danach planen die Tutoren konkret, detailliert und schriftlich ihr eigenes Tutorium anhand der verschiedenen Punkte des didaktischen Mobiles. Tutoren, die ähnliche oder fachlich gleiche Tutorien anbieten, können zusammenarbeiten. Es sollten sowohl Mikro- als auch Makroplanungen erarbeitet werden, um die Unterschiede zu verdeutlichen. Vorbereitete Pläne (siehe obige Beispiele) erleichtern die Arbeit. Die Ablaufpläne werden in der Gesamtgruppe vorgestellt. Rückmeldung erfolgt von den Peers und dem Seminarleiter.

2.1.1 So funktioniert die Gruppe – dynamische Prozesse in Tutorien

Gruppen, die sich zusammenfinden, sind nicht statisch sondern durchlaufen ganz bestimmte dynamische Prozesse, die auch in einem Tutorium festzustellen sind. Die einzelnen Phasen haben unterschiedliche Merkmale, die ein Tutor mit seinem Verhalten steuern kann und in denen angemessene Aufgabenstellungen berücksichtigt werden sollten. Die allermeisten Tutoren wissen meistens aus eigenen Erfahrungen und Beobachtungen aus Gruppen zu berichten.

Für die Vorbereitung der Tutoren wird ein einfach strukturiertes Modell mit nur drei Phasen ausgewählt, um die Gruppendynamik zu verdeutlichen. Je nach Zeitpunkt des Tutoriums im Laufe des Semesters kann die Länge der Phasen deutlich variieren. Während in der ersten Stunde die Einstiegsphase noch sehr viel Zeit in Anspruch nimmt, da der Tutor u.a. auch Grundsätzliches erklären muss, ist diese in den folgenden Stunden kürzer, da nur Zeit für eine Begrüßung und ggf. Organisatorisches benötigt wird. Zum Ende des Semesters kann unter Umständen die Schlussphase länger sein, da hier noch wichtige Klausurtipps vermittelt werden. (Vgl. Karas/Hinte, 1980, S. 69ff.)

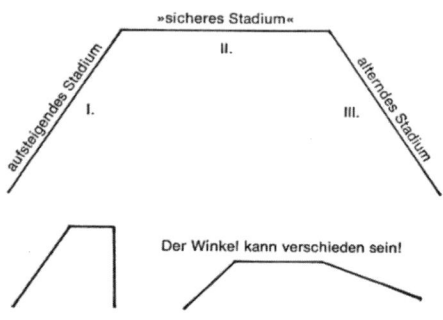

Abbildung 7: Gruppenstadien (Entnommen aus: Karas/Hinte, 1980, S. 70)

I. Aufsteigendes Stadium

Diese Einstiegsphase zeichnet sich durch Folgendes aus:

MERKMALE DER TEILNEHMER

- ✓ Ankommen, auftauen und sich orientieren
- ✓ Soziale Unsicherheit
- ✓ Abwartende Haltung
- ✓ Anonymität soll möglichst gewahrt werden
- ✓ Studierende sind interessiert und haben Erwartungen
- ✓ Bereitschaft zum Lernen wird mitgebracht
- ✓ Erste Gruppenbildung
- ✓ ...

VERHALTEN DES TUTORS

- ✓ Begrüßung
- ✓ Vorstellung der eigenen Person
- ✓ Spielregeln aufstellen
- ✓ Erwartungen der Teilnehmer einholen
- ✓ Orientierung geben (inhaltlich und organisatorisch)
- ✓ Für Lerninhalte begeistern
- ✓ Kontakte untereinander anregen
- ✓ Vertrauen gewinnen
- ✓ Sicherheit darstellen
- ✓ ...

AUFGABENSTELLUNG

- ✓ Warm-up bzw. Kennenlernmethoden
- ✓ Einsatz von Medien für die Eingangssituation
- ✓ Aufgaben zum Schnuppern
- ✓ ...

II. Sicheres Stadium

Diese Durchführungsphase zeichnet sich durch Folgendes aus:

MERKMALE DER TEILNEHMER

- ✓ Studierende zeigen immer mehr ihr wirkliches Ich
- ✓ Interessen stellen sich heraus
- ✓ Strukturen sind für alle klar

- ✓ Eine solide Basis ist geschaffen
- ✓ Die Gruppe verfolgt ein gemeinsames Ziel
- ✓ Konzentriertes und produktives Arbeiten
- ✓ Hohe Aufmerksamkeit
- ✓ Wissbegier
- ✓ Kommunikation untereinander
- ✓ ...

Verhalten des Tutors

- ✓ Regt Studierende zur Mitarbeit an
- ✓ Individuelle Betreuung
- ✓ Vermittelt Wissen
- ✓ Hält und steigert die Konzentration
- ✓ Gibt konstruktives Feedback
- ✓ Appelliert an die Eigenverantwortlichkeit
- ✓ ...

Aufgabenstellung

- ✓ Theorie vermitteln
- ✓ Konkrete Aufgabenstellungen
- ✓ Medieneinsatz
- ✓ Arbeitsaufträge vergeben
- ✓ Weiterführende Hinweise geben: Literatur, Internetforum etc.
- ✓ ...

III. Alterndes Stadium

Diese Verabschiedungsphase zeichnet sich durch Folgendes aus:

Merkmale der Teilnehmer

- ✓ Konzentrationsmangel
- ✓ Unruhe, d.h. man ist bereits schon im Gehen
- ✓ Ende des Programms
- ✓ Abschluss und Abschied
- ✓ ...

Verhalten des Tutors

- ✓ Hält Motivation noch aufrecht
- ✓ Strahlt weiterhin Selbstsicherheit aus

✓ Vermittelt interessante Inhalte sowie Klausurrelevantes zur Erhaltung der Aufmerksamkeit

✓ ...

AUFGABENSTELLUNG

✓ Themen zu Ende führen
✓ Zusammenfassung des Wesentlichen
✓ Transfer des Gelernten
✓ Feedback einholen
✓ Verabschiedung
✓ ...

Neben diesem Phasenschema gibt es in der Fachliteratur noch weitere gruppendynamische Prozessmodelle, die sich meist in dem Aspekt der Entwicklung von Gruppen unterscheiden. Selbst wenn sich mit Hilfe von solchen Phasenmodellen idealtypische Gruppensituationen leichter erfassen und analysieren lassen, ist dennoch zu berücksichtigen, dass sich Gruppen niemals so linear bzw. phasengetreu entwickeln, da Gruppendynamik auch immer wieder von äußeren Rahmenbedingungen sowie jeweiligen Aufgaben abhängig ist. Prozessmodelle werden somit das Verhalten von Gruppen weder berechenbarer machen noch es vorhersagen können. „Dennoch haben die Modelle einen heuristischen Wert: Sie strukturieren die Wahrnehmung und reduzieren die Komplexität bei der Diagnose von Gruppensituationen. Mit ihrer Hilfe lassen sich idealtypisch unterschiedliche Gruppenzustände erfassen, die mit signifikant unterschiedlichen Verhaltensweisen und Gefühlslagen verbunden sind und die jeweils andere Reaktionsweisen erforderlich machen." (König/Schattenhofer, 2006, S. 61)

Methoden-Tipp für Tutorentrainer:

Es gibt zu Beginn dieser Arbeitseinheit einen kleinen Input zu den einzelnen Phasen. In Kleingruppen werden dann die Merkmale der Gruppe, das Verhalten des Tutors sowie die Aufgabenstellungen in den einzelnen Phasen erarbeitet, visualisiert und später im Plenum präsentiert. Persönliche Erfahrungen der Tutoren fließen mit in die Gruppenarbeit ein.

Das Phasenmodell kann auf eine Tutoriumsstunde angewendet werden, aber auch auf den Verlauf eines Semesters. Die Kleingruppen können wahlweise zu beiden Themen arbeiten, was die spätere Vorstellung kurzweiliger und interessanter macht. Wichtig ist allerdings, dass sich jede Kleingruppe mit allen Phasen auseinandersetzt, um die Unterschiede besser erfahrbar zu machen.

Spannend ist es auch mit den Tutoren zu reflektieren, in welchem Stadium sich die Gruppe der Schulungsteilnehmer befindet.

2.1.2   Die Rolle als Tutor

Fragt man Tutoren, welche Eigenschaften sie für ihre Tätigkeit mitbringen müssen, so wird die Aufzählung unendlich lang: zuhören können, Ansprechpartner sein, Fachwissen vermitteln können, das Bindeglied zwischen Studierende und Professoren sein, gut erklären können, selbstbewusst auftreten, flexibel und spontan sein, richtig mit Medien umgehen können, humorvoll sein und so weiter.

Bei dieser Sammlung wird den Tutoren sehr schnell klar, wie anspruchsvoll ihre Tätigkeit eigentlich ist und dass eine Fülle an Erwartungen an sie gestellt werden. Oftmals ist ihnen das im Vorfeld gar nicht so bewusst. Damit Tutoren sich von diesen Anforderungen nicht erschlagen und demotiviert fühlen, ist es umso wichtiger, das Rollenverständnis vor Beginn des ersten Tutoriums zu thematisieren. Einerseits schlüpfen Tutoren in die Rolle von *kleinen Lehrenden* und vermitteln Fachwissen, andererseits sind sie noch Studierende, evtl. sogar im gleichen Semester. Es muss ihnen deutlich werden, dass die Erwartungen, die an sie gestellt werden, von ihnen gar nicht alle erfüllt werden können und müssen. Auch Tutoren studieren in erster Linie und unterstützen die Lehre nur by the way. Startschwierigkeiten müssen akzeptiert werden und Tutoren müssen lernen Prioritäten zu setzen und sich auf bestimmte Ziele zu konzentrieren. (Vgl. Knauf, 2005, S. 137f.)

Tutoren müssen beispielsweise nicht ihre Handynummer an ihre Tutanden geben und 24 Stunden erreichbar sein; sie müssen auch nicht nach jedem Tutorium noch eine halbe Stunde extra zusätzliche Erklärungen bei schwierigen Aufgaben für ein paar Tutanden geben und sie müssen auch nicht ihre Unterlagen komplett zur Verfügung stellen. Indem sie ihre Rolle reflektieren, lernen sie ihre Stärken und Schwächen kennen, ihre Kompetenzen richtig einzuschätzen, Grenzen zu ziehen und gewinnen somit Sicherheit für ein selbstbewusstes Auftreten im Tutorium.

2.2 Tutorien erfolgreich durchführen

Fragt man Studierende, bei wem sie denn ein Tutorium besucht haben, kommt häufig die Äußerung: *„Das hat mir sehr geholfen und der Tutor war super nett. Aber wie der heißt, das weiß ich nicht wirklich!"* Tutoren vergessen in ihrer Aufregung nur allzu häufig sich selbst oder auch den gesamten Ablauf des Tutoriums vorzustellen. Von daher müssen sie für die Strukturierung eines Tutoriums sensibilisiert werden.

Wie bei einem Sandwich, so gibt es auch in einem Tutorium verschiedene Schichten, also Arbeitsphasen mit unterschiedlichen Schwerpunkten. Ein Tutorium wird in drei Phasen untergliedert:

Einstiegsphase
Begrüßung, Kennenlernen, Erwartungsabfrage, Spielregeln, Überblick geben, Vorwissen aktivieren
Arbeitsphase
Stoff strukturiert durcharbeiten, Arbeitsaufgaben stellen
Schlussphase
Zusammenfassung, Wiederholung, Transfersicherung, Ausblick, Feedback, Verabschiedung

Abbildung 8: Seminarphasen (Quelle: eigene Darstellung)

2.2.1 Aller Anfang ist schwer – die gelungene Einstiegsphase

Wer kennt sie nicht, die Situation: Man geht zum ersten Mal in ein Tutorium oder in ein Seminar und kennt niemanden. Sehr unsicher betritt man den Raum, schaut umher, sucht sich einen Platz – möglichst weit hinten, spricht erst einmal mit kaum jemandem und wartet ab. Glück ist es, wenn zufällig schon eine bekannte Person anwesend ist.

Diese Orientierungslosigkeit beschreibt den Beginn fast jeder Lehrveranstaltung. Der Tutor erlebt sie, wenn er in eine Tutorenschulung kommt; der Tutand, wenn er zum Tutorium geht. Eine optimale Gestaltung der Anfangssituation beeinflusst den weiteren Seminarverlauf nur positiv; sie unterstützt die Teilnehmer, baut Unsicherheiten ab und lässt schnell eine gute Arbeitsatmosphäre entstehen. Studierende sind Erwachsene, die gerne wissen möchten, was inhaltlich und organisatorisch auf sie zukommt.

Folgende Aspekte sind in der Anfangsphase unbedingt zu berücksichtigen:

✓ Begrüßen Sie die Gruppe der Situation angemessen.
TIPP: Ein zusätzliches *Herzlich willkommen!* auf der Tafel oder dem Flipchart visualisiert, signalisiert der Gruppe: *Ich freue mich auf Euch!*
✓ Stellen Sie sich vor (Wer sind Sie? Was machen Sie? Woher kommen Sie? ...) – Teilnehmer möchten immer gerne etwas Persönliches über die Seminarleitung wissen.
✓ Geben Sie den Beginn und das Ende der Veranstaltung bekannt.

- ✓ Sagen Sie ggf. etwas zu einer geplanten Pausenregelung.
- ✓ Klären Sie die Gruppe über Organisatorisches auf: Anwesenheitspflicht, Termine, Kontaktdaten etc.
- ✓ Fördern Sie das Kennenlernen der Teilnehmer untereinander.
- ✓ Erfragen Sie die Erwartungen der Teilnehmer (entweder mündlich oder schriftlich. Hierzu schreiben die Teilnehmer jeweils eine bis zwei Erwartungen auf Moderationskarten. Diese werden an eine Pinnwand geheftet, sodass sich zum Ende der Veranstaltung prüfen lässt, ob die Erwartungen erfüllt wurden.).
- ✓ Geben Sie einen Überblick über die Themenblöcke und gleichen diese mit den Erwartungen der Teilnehmer ab.
- ✓ Stellen Sie Spielregeln mit der Gruppe auf (Wie wollen wir gemeinsam arbeiten?). Dazu können bereits einige Punkte auf einem Flipchart stehen. Beispiel:
  - Pünktlichkeit
  - Handy ausschalten
  - aktive Teilnahme
  - ...
  Weitere Punkte werden gemeinsam ergänzt. Diese Interaktionsregeln erleichtern das Miteinander, schaffen Klarheit im Umgang miteinander und helfen ggf. bei schwierigen Situationen.
- ✓ Starten Sie mit einem gelungenen Einstieg in das Thema um Interesse zu wecken.

Die Anfangssituation in einer Lehrveranstaltung lässt sich sehr gut anhand des Eisberg-Modells erklären. Die besonderen Merkmale eines Eisbergs sind, dass in der Regel nur ein Fünftel der gesamten Eismasse über die Wasseroberfläche hinausragt, der Rest liegt unterhalb. In Anlehnung an einen Eisberg liegt auch bei Teilnehmern nicht alles an der Oberfläche. Für den Tutor ist nur ein kleiner Teil sichtbar, z.B. über verbale Äußerungen oder die Körpersprache. Zu persönlichen Unsicherheiten, Empfindungen und Gefühlen hat er zunächst keinen Zugang, sollte sie für eine angstfreie Lernatmosphäre aber stets mit berücksichtigen.

Abbildung 9: Das Eisbergmodell
(Entnommen aus: Webers/den Ouden/Kröpke, 2012, S. 53)

Je mehr von den unsichtbaren Zusammenhängen ans Licht kommen, desto besser ist es für den Seminarablauf. Ein gelungener Einstieg, eine Erwartungsabfrage sowie der Einsatz von Kennenlernmethoden leisten hierzu einen wichtigen Beitrag.

Methoden-Tipp für Tutorentrainer:

Gestalten Sie in der Schulung Ihre Einstiegssituation, wie oben beschrieben. Reflektieren Sie im Anschluss mit den Tutoren zu der Fragestellung: ‚*Was macht eine gute Einstiegssituation aus?*' Die Nennungen sollten am Flip Chart visualisiert und anschließend mit der Gruppe besprochen und auf die jeweilige Tutorien transferiert werden. Sehr oft kommt der Einwand gerade von Fachtutoren, dass Vorstellungsrunden zu zeitintensiv sind. Hier lassen sich Alternativen überlegen (siehe unten).

Darüber hinaus sollten die Einstiegssituationen unbedingt simuliert werden. Ein Feedback muss sich anschließen. Auch wenn alle Einzelheiten ausführlich besprochen wurden, wird vieles schon in der sich anschließenden Simulation vergessen. Während die Tutoren unterschiedliche Einstiegssituationen beobachten und reflektieren, gibt es zahlreiche *AHA-Effekte*. Durch dieses *Lernen an Modellen* erhalten sie immer noch zusätzliche Anregungen für ihre eigene Anfangsphase im Tutorium.

Wer bist Du eigentlich? Gegenseitiges Kennenlernen als Auftakt

Kennen sich die anderen untereinander? Wie ist der Tutor? Wissen und können die anderen bereits mehr als ich? Warum gehen die wohl in ein Tutorium? – das sind nur einige Fragen, die man sich als neuer Teilnehmer unwillkürlich stellt.

Nur wenige haben den Mut, in Situationen, die durch das Fremdsein geprägt sind, etwas zu sagen oder beizutragen. Bei den meisten ist die Anfangsphase eher durch Angst, Resignation und Trotz geprägt. Startet das Lernprogramm sofort, werden diese unguten Gefühle mitgetragen und beeinflussen das weitere Seminargeschehen negativ. Der Einsatz von Kennenlernmethoden zu Beginn von Lehrformaten wirkt diesen schlechten Gefühlen früh entgegen. Mit ihnen werden Ängste abgebaut und sie ermöglichen das Kennenlernen der anderen; sie geben auf diese Art und Weise Antworten auf die offenen Fragen und schaffen eine angenehme Lernatmosphäre.

Auch wenn die Kennenlernrunden zu Lasten des inhaltlichen Lernprogramms gehen, so wirken sie nachhaltig positiv auf den Gesamtablauf einer Lehrveranstaltung. Denn die Teilnehmer erhalten Informationen über die anderen Gruppenmitglieder (Wo kommen sie her? Was machen sie?) und gemeinsame Erwartungen werden geklärt. Darüber hinaus fördern sie Freude am Lernen, wecken Neugierde und Interesse an den anderen. In den Tutorenqualifizierungen werden diese Methoden eingesetzt, da die Tutoren fachbereichsübergreifend zusammen kommen und sich untereinander nicht kennen.

Der Einsatz von Kennlernmethoden sollte im Aufbau abgestuft sein:

✓ Wenig strukturierte Übungen, sodass der Einzelne noch die Möglichkeit hat in der Gesamtgruppe einzutauchen
✓ Partnerarbeit
✓ Kleingruppenarbeit
✓ Strukturierte Übungen in der Gesamtgruppe

Erstsemestertutoren setzen häufig viele dieser Methoden ein, damit Studienanfänger sich schnell kennenlernen und Kontakte zu ihren Kommilitonen knüpfen können. Fachtutoren hingegen machen den Einsatz meist abhängig von der Größe ihres Tutoriums. Da sie viel Fachwissen vermitteln müssen, fehlt ihnen oft die Zeit für ausgiebige Vorstellungsrunden. Selbst wenn sie explizit keine Kennenlernphase einplanen, so lautet die Empfehlung, dass sich alle Tutanden zumindest einmal kurz mit ihrem Namen vorstellen. Somit hat jeder zumindest schon einmal laut in der Gruppe gesprochen, was ebenfalls Unsicherheit abbaut. Alternativen sind Namensschilder auf den Tischen, ein ‚Sitzplan' oder jeder, der sich zu Wort meldet, muss kurz seinen Namen sagen.

Gerade die Methoden in der Anfangsphase dürfen nicht zu peinlichen Situationen führen. Zudem sollten sie unterschiedlich temperamentvoll sein, um Ermüdungserscheinungen vorzubeugen.

Individuelle Wahrnehmungen und Erlebnisse können ggf. reflektiert werden. Die Vorstellungsrunde sollte offiziell abgeschlossen werden, bevor dann mit dem Lernprogramm begonnen wird.

Methoden-Tipp für Tutorentrainer:

NOMEN EST OMEN

Nach dieser lateinischen Redensart (Der Name ist ein Zeichen.) assoziiert jeder Teilnehmer zu seinem Namen oder lediglich zu dem Anfangsbuchstaben des Vornamens eine Eigenschaft, ein Hobby oder beispielsweise ein Lieblingsgetränk und stellt sich damit kurz vor. Durch die Verknüpfung von Namen und Eigenschaften entstehen innere Bilder, die besser im Gedächtnis verankert werden und einem besseren gegenseitigen Kennenlernen dienen. Beispiel: Sinja sucht Sauerkraut.

Alternativ dazu:

KROKODILSPIEL

Ein Gegenstand – eben das Krokodil – wird in der Gruppe herumgegeben. Jeder, der das Krokodil erhält, nennt seinen Namen und wiederholt alle Namen derer, bei denen das Krokodil vorher schon war.

Variante: Zum Namen kann noch eine Tätigkeit des Krokodils hinzugefügt werden, die mit dem gleichen Buchstaben wie der Vorname beginnt. Somit werden dann Namen und Tätigkeiten wiederholt. Ein Beispiel:
„Das ist das Krokodil, das war bei Florian, wo es Flugangst hatte; mein Name ist Christoph und bei mir chillt das Krokodil." usw.
Je nach Gruppengröße, nicht mehr als 10–13 Namen wiederholen lassen, da es sonst zu langweilig wird. Erstsemester-Tutoren sind von dieser Methode begeistert und können sie hervorragend zum Kennenlernen von neuen Studierenden einsetzen; Fachtutoren kritisieren diese Methode, da sie zu viel Zeit in Anspruch nimmt und Studierende eher mit fachlichen Erwartungen in ein Tutorium kommen und somit weniger für ein solches Spiel zu begeistern sind. Der Vorteil dieser Methode ist, dass durch die häufige Wiederholung die Namen der Gruppenmitglieder gut und nachhaltig gelernt werden. (Vgl. Baer, 1988)

ALLE IN EINE REIHE

Die Gruppe stellt sich nach bestimmten Kriterien in einer Reihe auf, die vom Dozenten oder Teilnehmer vorgegeben werden, wie z.B. nach den Anfangsbuchstaben der Vornamen, Schuhgröße, Farbe der Socken, Heimatort etc. Dabei muss klar erläutert werden, in welcher Reihenfolge die Gruppe sich aufstellen muss, d.h. wo der Anfang bzw. das Ende ist.
Das Spieltempo ist lebhaft und alle kommen während der Aufstellung und (Neu-)Sortierung ins Gespräch. Unbedingt darauf achten, dass die Kriterien keinen bloß stellen – so sind Gewicht oder Religionszugehörigkeit beispielsweise absolut tabu.

LÜGENPORTRAIT

Es werden Paare gebildet, die sich gegenseitig über verschiedene Merkmale, wie Name, Wohnort, Studiengang, Hobbys, Erwartungen etc., interviewen. Anschließend stellen sie sich wechselseitig im Plenum vor. Dabei soll eine Einzelheit nicht der Wahrheit entsprechen. Die Lüge, die natürlich von den Paaren abgesprochen wurde, muss von der Gruppe geraten werden. Indem die Partner sich gegenseitig vorstellen, ist ein kleiner Schonraum gegeben. Man spricht nicht über sich selbst, was vielen oftmals sehr schwer fällt. (Vgl. Baer, 1988)

DREIECK DER GEMEINSAMKEITEN/SCHNITTMENGE

Jeweils drei Lernende finden sich zusammen, malen auf einen Flip-chart-Bogen ein Dreieck. An die drei Ecken wird der jeweilige Namen eines Teilnehmers geschrieben. Nun interviewen sie sich gegenseitig zu demo-grafischen Daten und schreiben die persönlichen Merkmale an ihre Ecke. Anschließend wird über mögliche Gemeinsamkeiten, wie z.B. Lieblingsge-tränk, -speise, -fußballverein, Hobby etc. diskutiert, die dann in die Mitte des Dreiecks geschrieben werden.

Im Plenum werden die Gruppenmitglieder kurz namentlich vorgestellt, ausführlicher dann die Gemeinsamkeiten der Kleingruppe. (In Anlehnung an: www.lehridee.de)

SCHLÜSSELRUNDE

Alle Teilnehmer stellen sich anhand eines Schlüssels von ihrem Schlüssel-bund vor. Sie nennen ihren Namen und erklären dann die Funktion und Bedeutung des Schlüssels, stellen eine Verbindung zu ihrer Person her bzw. erzählen kurz eine Anekdote dazu. Darüber hinaus stellen sie den Bezug zwischen dem Schlüssel und dem Seminarthema her.

Die Seminarleitung beginnt mit der Schlüsselrunde und setzt damit indi-rekt Maßstäbe hinsichtlich des zeitlichen und inhaltlichen Umfangs der persönlichen Vorstellung. Sollte jemand keinen Schlüssel dabei haben, so wird auf einen fiktiven Schlüssel Bezug genommen.

2.2.2 Eine strukturierte Arbeitsphase

Gut strukturierte Arbeitsphasen zeichnen sich einerseits durch eine klare Gliederung aus; andererseits werden Handlungssituationen bereitgestellt, die das Lernen erleichtern, begleiten und unterstüt-zen. Der Tutor überlegt für sein Tutorium einen durchdachten und nachvollziehbaren Aufbau, meist in Anlehnung an eine korrespon-dierende Vorlesung. Er regt in seinem Tutorium Lernprozesse an, die zu Interaktion und Aktivität führen. Nicht er rechnet alle Auf-gaben vor, sondern auch die Teilnehmer rechnen und stellen ihre Lösungswege in der Gruppe vor. Konkrete Aufgabenstellungen so-wie klar formulierte Arbeitsaufträge sind hierfür die Voraussetzung. Aktivität bedeutet, dass sich Studierende nicht berieseln lassen, sondern vielmehr lernzielorientiert mitdenken, vergleichen, reflek-tieren, diskutieren, wiederholen und anwenden.

Den Studierenden wird nur so viel geholfen, wie es sachlich und situativ unbedingt erforderlich ist. Damit überlässt der Tutor keinesfalls den Tutanden sich selbst, doch er vermeidet mit diesem Vorgehen eine Konsumentenhaltung bis hin zur Passivität. Der Studierende soll solange wie möglich selbständig arbeiten, der Tutor unterstützt dann, wenn Hilfe benötigt wird. Damit agiert der Tutor in seinem Tutorium nach den *Grundsätzen der minimalen Hilfe*.

Überschaubare und abgegrenzte Lerneinheiten bieten die Möglichkeit, sich Lerninhalte nachhaltig anzueignen und das neu Gelernte an vorhandenes Wissen anzuknüpfen.

Unterstützen kann der Tutor diese Lernprozesse indem er

- ✓ Lernhilfe anbietet.
- ✓ an Vorkenntnisse und Lernerfahrungen anknüpft.
- ✓ an Lernziele und Hilfsmittel erinnert.
- ✓ Lösungswege anstößt.
- ✓ Vorgehen klärt.
- ✓ weitergehende Informationen anbietet.
- ✓ zu Zusammenfassungen auffordert.
- ✓ bei der Klärung von Missverständnissen hilft.
- ✓ lobt und ermutigt.
- ✓ Rückmeldung gibt.
- ✓ Ergebnisse einordnet und veranschaulicht.
- ✓ methodisch arbeitet und geeignete Arbeitsformen organisiert.
- ✓ mit unterschiedlichen Medien präsentiert.
- ✓ mit Hilfe relevanter Beispiele erklärt.

Oft steht der Tutor zwischen der Stofffülle auf der einen und der Zeitknappheit auf der anderen Seite. Besser ist es, situativ Inhalte oder komplexe Themenblöcke auszulassen (didaktische Reduktion), als wild einen Plan zu erfüllen und den Stoff ohne Rücksicht auf schwächere Tutanden, durchzupauken. Solche Auslassungen kosten manchmal Überwindung, da Tutoren viel vorbereitet haben, eigentlich alles wichtig finden und nicht gerne vom Plan abweichen.

Eine mögliche Hilfe ist beispielsweise der Verweis auf Selbstlernmöglichkeiten mit Handouts, Skripten, einschlägiger Literatur oder Übungen mit Lösungen. Auch der Hinweis auf eine Lerngruppe kann mitunter hilfreich sein. Spontane Planänderungen können, müssen den Tutanden aber nicht mitgeteilt werden, sofern diese den detaillierten Ablaufplan nicht kennen. Sollte dies der Fall sein, bietet sich eine kurze und knappe Begründung an.

Hinweise für die Durchführung einer gelungenen Veranstaltung (vgl. hdw nrw, 2009):

1. Überblick geben
2. Transparenz schaffen über Ziele und Vorgehen
3. Interesse und Neugierde wecken
4. Wiederholung von wichtigen Lerninhalten
5. Lehren mit allen Sinnen
6. Gefühle beachten
7. Rückmeldung geben
8. Dingen auf den Grund gehen
9. Regelmäßige Pausen
10. Den roten Faden beachten
11. Unterschiedliche Lernstile berücksichtigen
12. Inhalte vernetzen

Lernen kann auch Spaß machen – aktivierende Methoden in der Lehrveranstaltung

In vielen Tutorien steht der Tutor an der Tafel, referiert am Overheadprojektor oder rechnet Aufgaben vor, während die Studierenden nur zuhören und mitschreiben. Um dieser Eintönigkeit eines Tutoriums entgegenzuwirken und den Lernerfolg maßgeblich zu erhöhen, bietet sich der Einsatz von unterschiedlichen aktivierenden Methoden an. Diese gibt es für alle Phasen und Situationen in einem Seminar. Sie können darbietend, stoff-orientiert, gestalterisch, meditativ oder spielerisch akzentuiert sein. Die Methoden beziehen Teilnehmer direkt mit ein und fördern deren Eigenaktivität. Methodische Vielfalt macht Seminare und damit auch Tutorien attraktiver, erhöht sowohl die Aufmerksamkeit als auch die Motivation der Studierenden.

Ein Repertoire an Methoden sind für einen Tutor ein praktisches Handwerkszeug, d.h. unerlässliche Tools. Dabei müssen sie immer abgestimmt werden auf die zu vermittelnden Inhalte und die Größe der Gruppe. So wird ein Erstsemestertutor beispielsweise andere Methoden einsetzen als ein Fachtutor. Während bei dem einen Methoden zum Kennenlernen im Vordergrund stehen, sind es bei dem anderen eher Methoden zur Stoffvermittlung. Auch der Tutor muss die ausgewählte Methode mögen, nur so kann er sie auch motivierend einsetzen.

Leider gibt es kein Patentrezept, wie didaktische Methoden einzusetzen sind. Es kommt vielmehr darauf an, sie situativ anzuwenden, sie zu variieren und je nach Bedarf auch phantasievoll zu ändern. Sie müssen konkret und detailliert angeleitet werden! Methoden helfen Lernprozesse in Gang zu bringen; wobei gute Lehre nicht auf einen perfekten Umgang mit Methoden zu reduzieren ist.

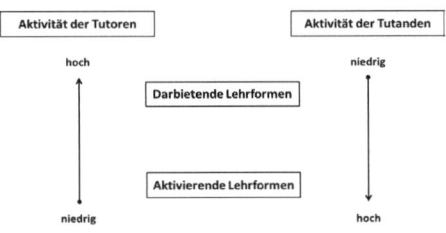

Abbildung 10: Teilnehmeraktivierung im Tutorium
(In Anlehnung an: Brinker/Schumacher, 2014, S. 59)

Häufig hört man von Tutoren: *„Diese Methoden sind für unser Fach überhaupt nicht geeignet! Da muss ich gar nicht mit ankommen."* Natürlich sind bestimmte Methoden, die auf Gruppenarbeiten ausgerichtet sind, eher für Seminare und kleinere Teilnehmergruppen geeignet. Dennoch können aber auch kurze Partnergespräche oder anregende Fragen Tutorien auflockern, unabhängig davon, wie groß die Gruppe ist. Selbst der *Klassische Dreischritt* aus dem Kooperativen Lernen lässt sich schnell und einfach umsetzen.

Auch wenn es zahlreiche Bücher und Internetseiten zu didaktischen Methoden gibt, so steht eines fest. „Eine Methode kauft man also nicht ein und benutzt sie in vorgegebener Form, sondern Methoden probiert man aus, in der je spezifischen Situation, mit je spezifischen Teilnehmern und je spezifischen Zielen. [...] Sie sind stattdessen Instrumente, um studentisches Lernen zu initiieren und zu fordern. Das bedeutet, dass sie sich auch nur von diesem Ziel her beurteilen lassen. Salopp formuliert: ‚Erlaubt und gewünscht ist, was die Lernprozesse der Studierenden anregt und fordert.'" (Wörner, 2006, S. 113) Von daher gilt hier die Devise: Nutzen und einsetzen, was zu gebrauchen ist und wenn es nur ein kleiner Teil ist; Hauptsache die Tutorien werden didaktisch attraktiver, zeigen, dass Lernen auch Spaß machen kann und fördern nachhaltig den Lernerfolg, gerade auch im Hinblick auf eine Differenzierung und Individualisierung der Tutanden.

Kooperatives Lernen in Tutorien

Diese Form des Lernens erfolgt in kleinen Gruppen, in denen die Studierenden ihre eigenen Lernerfolge und die der anderen Gruppenmitglieder optimieren können, indem sie sich gegenseitig unterrichten (teaching is learning twice). Kooperatives Lernen führt damit zu einer höheren individuellen Leistung bei allen Arten von Aufgaben. Die intrinsische Motivation wird gesteigert, es finden stärkere kognitive Denkprozesse statt und damit wird das Gelernte u.a. länger behalten. Außerdem fördert es die positive Beziehung zwischen den Studierenden. (Vgl. Winteler, 2004, S. 139)

Die Arbeit in kleinen Gruppen nimmt eine zentrale Rolle im Kooperativen Lernen ein, grenzt sich allerdings in wesentlichen Punkten vom herkömmlichen Gruppenarbeits-Verständnis ab. (Vgl. Konrad/Traub, 2012, S. 7) Die Besonderheit dieser Form liegt in der systematischen Mischung aus Einzel-, Partner- und Gruppenarbeit. Ein wichtiger Unterschied zu anderen Gruppenarbeitsformen besteht in der Verantwortlichkeit jedes Einzelnen innerhalb der Gruppe. Wo in anderen Situationen häufig die Arbeit und Verantwortung nur von einigen wenigen getragen wird, sorgen im Kooperativen Lernen das grundlegende Prinzip des Dreischritts und das Zufallsprinzip bei der Auswahl der Vortragenden besonders dafür, dass jeder Einzelne am Prozess beteiligt ist und sich verantwortlich zeigt. (Vgl. Brüning/Saum, 2009, S. 12)

Das Kooperative Lernen ist auf dem Grundprinzip eines Klassischen Dreischritts aufgebaut:

Erster Schritt:	Think (Einzelarbeit) – DENKEN
Zweiter Schritt:	Pair (Partnerarbeit) – AUSTAUSCHEN
Dritter Schritt:	Share (Gruppenarbeit) – VORSTELLEN

Die Studierenden sollen dabei zunächst eine Aufgabenstellung alleine bearbeiten bzw. sich erste Gedanken zur Lösung machen. Im nächsten Schritt findet ein Gedankenaustausch mit dem Partner statt. Dabei können Konflikte bereits im kleinen Team gelöst und falsche Lösungsansätze verworfen werden. Der dritte Schritt ist das Teilen der Ergebnisse mit einer größeren Gruppe. Innerhalb dieser kommen nun die Ergebnisse aus mehreren Partnergruppen zusammen und die Wahrscheinlichkeit, dass die Lösung im Anschluss richtig ist, wächst. Dabei ist die Motivation von großem Vorteil. Ein ‚falscher' Lösungsansatz wird im Team zu einem ‚richtigen' modifiziert und jeder Einzelne hat das Gefühl, daran mitgearbeitet zu haben. Sollte das Endergebnis trotzdem falsch sein, dann ist man mit der falschen Lösung nicht alleine. (Vgl. Brüning/Saum 2009, S. 11ff.)

> „DENKEN (THINK)
> Den Lernenden wird eine zeitlich eingegrenzte Denkzeit zur Verfügung gestellt, um sich individuell mit der Aufgabe zu beschäftigen. Die hier gesammelten Ergebnisse und Gedanken bilden die Basis für die Austauschphase. Damit diese Basis vorhanden ist, müssen die Lernenden Verantwortung für ihren Part übernehmen und sich mit den Inhalten individuell auseinandersetzen. Voraussetzung dafür sind Arbeitsaufträge, die klar und eindeutig sind, alle Beteiligten aktivieren und zum Mitdenken anregen.
>
> AUSTAUSCHEN (PAIR)
> Die Gruppenmitglieder tauschen sich aus, erläutern ihre Ergebnisse und gleichen sie mit denen des Partners ab. Das Verständnis wird vertieft und das eigene Wissen ergänzt. Der Austausch innerhalb der Kleingruppe bietet darüber hinaus die Möglichkeit, Unsicherheiten und Fragen zu klären, bevor das Ergebnis im Plenum vorgestellt wird. So kann Ängsten des Einzelnen entgegengewirkt werden. Darüber hinaus üben sich die Lernenden in ihren kommunikativen Fähigkeiten.
>
> VORSTELLEN (SHARE)
> Die Kleingruppen präsentieren im Plenum ihre gemeinsamen Ergebnisse. Beim Vorstellen der Gruppenergebnisse erfolgt eine erneute Ko-Konstruktion, hinzukommendes Wissen wird mit den zuvor bearbeiteten Informationen verknüpft." (Kröpke/Wittau/ Eßer, 2014, S. 98f.)

Dieser klassische Dreischritt lässt sich nicht nur in der Tutorenqualifizierung zu vielfältigen Themen einsetzen, sondern wird auch von Tutoren in den Tutorien umgesetzt. Er findet sich in vielen Methoden des Kooperativen Lernens wider. Da das Kooperative Lernen aus dem schulischen Bereich kommt, ist es in der Hochschuldidaktik nur bedingt anwendbar, bietet aber dennoch große Vorteile. Kooperative Lernmethoden

- ✓ ermöglichen ein *Lernen auf Augenhöhe*.
- ✓ unterstützen einen transparenten und wertschätzenden Lernprozess.
- ✓ sorgen für Abwechslung im Lehralltag.
- ✓ beziehen alle Lernenden aktiv mit in ein; gerade auch in stark heterogenen Lerngruppen.
- ✓ erweitern Soft Skills für Studium und Beruf.

✓ machen den Dozierenden zu einem Moderator oder Lernbegleiter.

✓ fördern den *Shift from Teaching to Learning*.

Methoden-Tipp für Tutorentrainer:

LERNTEMPODUETT

Die Teilnehmer erhalten ein vorbereitetes Aufgabenblatt mit mehreren Aufgaben unterschiedlichen Schweregrades. Die Aufgaben lauten in Anlehnung an den Dreischritt:

1. Einzelarbeit: „Bearbeiten Sie die erste Aufgabe."
2. Austausch: „Sobald Sie mit der ersten Aufgabe fertig sind, signalisieren Sie das per Handzeichen. So kann ein anderer Studierender, der ebenfalls fertig ist, das Ergebnis mit Ihnen vergleichen und (verschiedene) Lösungswege besprechen."
3. Einzelarbeit: „Die nächste Aufgabe wird bearbeitet."
4. Austausch: „Mit einem neuen Partner, der gleich schnell die Aufgabe erledigt hat, wird das Ergebnis verglichen und der Lösungsweg besprochen." usw.

Zum Schluss werden die Lösungen im Plenum besprochen.

Das Lerntempoduett ist eine Methode, mit der sehr gut in heterogenen Lerngruppen gearbeitet werden kann. Sie ist vorbereitungsintensiv, da entsprechende Aufgabenblätter fachbezogen erstellt werden müssen. Von Vorteil ist, dass die Studierenden in ihrem eigenen Lerntempo arbeiten können, gleichzeitig aber immer einen Austauschpartner zum Überprüfen der Aufgabenlösung haben.

Das Lerntempoduett lässt sich u.a. gut zur Lösung mathematischer Aufgaben einsetzen. (Vgl. Brüning/Saum 2009, S. 68ff.)

LERNSTOPP MIT DEM DREISCHRITT

Der Seminarleiter bzw. Tutor unterbricht sein Tutorium nach einem inhaltlichen Abschnitt. Die Studierenden haben nun die Aufgabe, den besprochenen Lernstoff zusammenzufassen.

Mit dem klassischen Dreischritt reflektieren und wiederholen die Studierenden die Fachinhalte und können somit ihr Wissen zeitnah überprüfen. Um Zeit zu sparen, bilden jeweils die Schulternachbarn Paare.

GRUPPENPUZZLE

Die Teilnehmer werden (am besten über farbige Karten) in Stammgruppen eingeteilt. Jedes Gruppenmitglied hat zu der Einteilung in die Stammgruppe auch eine Zuordnung als Experte für ein bestimmtes Thema, das zur Aufgabenstellung passt.

ERSTER SCHRITT:
„Verständigen Sie sich in der Stammgruppe allgemein über die Aufgabenstellung."

ZWEITER SCHRITT:
„Die Stammgruppen lösen sich vorübergehend auf. Gehen Sie nun in Ihre Expertengruppe und sammeln dort Wissen zu Ihrem Expertenthema mit Hilfe der Materialien."

Exkurs: Kurz und knapp – Das Wichtigste zum Thema Lernen lernen

> „Studieren kommt von studere (lat.) und meint etwas ‚eifrig betreiben, sich wissenschaftlich betätigen' (Duden Fremdwörterbuch). Aber wie erfolgreich? Ganz einfach, am Besten mit Konzept, Köpfchen, Kniffen, Kreativität, Kontrolle und Konsequenz."
> (Heister, 2007, S. 1)

Studierende nehmen gerne Tipps für erfolgreiches Lernen von ihren Erstsemester- bzw. Fachtutoren an, da es praxistaugliche Ratschläge sind, die *auf Augenhöhe* und mit Erfahrungswerten weiter gegeben werden. Tutoren brauchen von daher für ihr Tutorium lediglich kleine Hinweise rund um das Thema Lernen, die sie ihren Tutanden mit auf den Weg geben oder als Anregung in das Tutorium einbringen können.

Folgende Aspekte helfen, effektiver und effizienter zu lernen und die Lernanforderungen besser zu bewältigen. Sie haben bei weitem nicht den Anspruch auf Vollständigkeit, stellen aber in diesem Zusammenhang für Tutoren ein Repertoire an konkreten Handlungsanweisungen dar, um individuelles und selbständiges Lernen und Arbeiten zu fördern. Ausführlichere Darstellungen finden sich in der einschlägigen Literatur oder werden in Seminaren zu Lern- und Arbeitstechniken vermittelt.

Zehn Aspekte für einen optimalen Lernerfolg:

1. Strategien des Behaltens
2. Zeiteinteilung
3. Arbeitsplatzorganisation
4. Aktive Mitarbeit in Lehrveranstaltungen
5. Nachbereitung
6. Fachliteratur rationell erarbeiten

7. Die wissenschaftliche Arbeit
8. Vortragen und Präsentieren
9. Optimale Prüfungsvorbereitung
10. Einzelarbeit oder Gruppenarbeit?

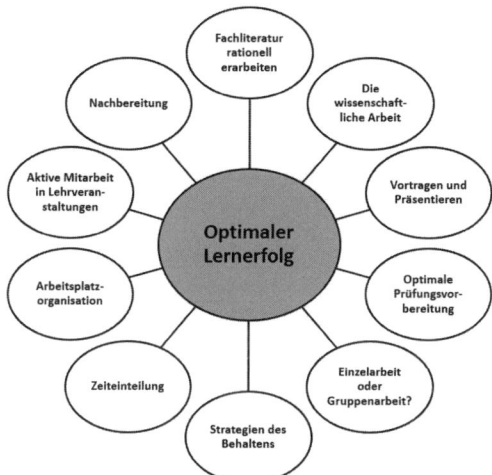

Abbildung 11: Optimaler Lernerfolg (Quelle: eigene Darstellung)

STRATEGIEN DES BEHALTENS

✓ Motivation beeinflusst den Lernerfolg maßgeblich mit. Dabei ist es entscheidend, ob jemand primär (intrinsisch) oder sekundär (extrinsisch) motiviert ist.

✓ Beim Lernen müssen sich eine Unter- sowie Überforderung die Waage halten; Neugierde auf den Lernstoff ist eine gute Ausgangsvoraussetzung, um leichter zu lernen und zu behalten.

✓ Belohnungen nach erfolgreichen Lernetappen erleichtern das weitere Lernen.

✓ Eine *Aufschieberhitis* führt zu steigender Unlust. Am besten den inneren Schweinehund überlisten und die Hürde des Beginnens erfinderisch überwinden.

✓ Konzentration ist die Fähigkeit, sich voll und ganz einer Sache zu widmen. Um konzentriert zu lernen, bietet sich folgendes Vorgehen an: Lernstrategien anwenden, Zeitdiebe ausschließen, step by step lernen, klare Zielsetzungen haben, Lernpausen einlegen, Lerntage gut planen etc.

✓ Dem eigenen Lerntyp beim Lernen gerecht werden. Der auditive Lerntyp lernt am besten durch Hören, der Visuelle durch Sehen, der Motorische durch Selbermachen und der Verbal/kommunikative Lerntyp durch Gespräche und Diskussionen.
,Tell me – and I forget/Teach me – and I remember/Involve me – and I learn.'

✓ Lernplateaus beachten und akzeptieren, d.h. im Gedächtnis werden immer wieder neue Strukturen aufgebaut und von daher gibt es während dieser Zeiten nur sehr kleine Lernfortschritte.

✓ Strukturiertes, elaboriertes und abwechslungsreiches Lernen fördert die Behaltensquote.

✓ Positive Lernatmosphäre erhöht die Gedächtnisleistung.

✓ Persönliche Leistungskurve berücksichtigen. Wichtige Aufgaben unbedingt in ein Leistungshoch legen.

✓ Lerntechniken nutzen: Mind-Maps, Lernkarteien, Loci Methode, Lernen mit Assoziationen, Eselsbrücken etc.

✓ Wiederholungen von Lernstoff statt *bulimisches lernen* (viel Lernstoff in wenig Zeit, der nur kurzfristig in der Klausur abgerufen werden kann).

✓ *Lernen auf der Bettkante;* Lernstoff, der vor dem zu Bett gehen wiederholt wird, prägt sich besonders gut ein. Nach der Wiederholung empfiehlt es sich zu schlafen, damit der Lernstoff nicht durch andere Reize überlagert wird.

ZEITEINTEILUNG

✓ Schriftliche Zeitplanung, die realistisch sein sollte (Pausen und Freizeit unbedingt mit einplanen!).

✓ Nur 60% der Zeit verplanen, der Rest ist für spontane, unvorhergesehene Situationen.

✓ Konkrete Zielsetzung; wobei ein Ziel in Teilziele zerlegt wird (*Salamitechnik*); so werden eher Teilerfolge erreicht, die zum Weitermachen motivieren.

✓ Prioritäten setzen, z.B. mit der ABC-Analyse oder ALPEN-Methode.
ABC-Analyse: A-Tätigkeiten sind wichtig und müssen sofort erledigt werden; B-Tätigkeiten sind durchschnittlich und C-Aufgaben weniger wichtig.

ALPEN-Methode: **A**ufgaben zusammenstellen; **L**änge der Tätigkeiten abschätzen; **P**ufferzeiten einplanen; **E**ntscheidungen und Prioritäten treffen; **N**achkontrolle durchführen.

✓ Zeitfresser eliminieren (endogene Plagegeister, wie Unlust, nicht NEIN sagen können, Stress etc. sowie exogene Plagegeister, wie Lärm, Telefon, PC, Online-Recherche etc.).

✓ Gleiche Aufgaben bündeln, schafft mehr Zeit für anderes (*Sägeblatteffekt*).

ARBEITSPLATZORGANISATION

✓ Arbeitsmaterialien sind in Reichweite platziert.

✓ Es liegt nur das auf dem Schreibtisch womit gelernt wird, damit das Gehirn nicht abgelenkt wird.

AKTIVE MITARBEIT IN LEHRVERANSTALTUNGEN

✓ Zuhören – mitdenken – mitreden – mitschreiben.

✓ *TQ3L-Methode* (aktives Zuhören) – **T**une-in/Einstimmen, **Q**uestion/Fragen, **L**ook at the speaker/den Vortragenden anschauen, **L**isten/richtig hinhören, **L**ook over/Übersicht bewahren.

✓ Mitschriften übersichtlich anlegen mit Datum, Titel, Inhalten, Bemerkungen und Randsymbolen.

NACHBEREITUNG

✓ Inhaltliche Nacharbeit und Ergänzungen einfügen.

✓ Archivierung von Unterlagen, entweder in Ordnern oder digital am PC – auf jeden Fall systematisch, um Unterlagen schnell wiederzufinden.

FACHLITERATUR RATIONELL ERARBEITEN

✓ Qualität und Aktualität statt Quantität.

✓ Lesemethoden anwenden (Schnelllesen, Überblicklesen).

✓ *SQ3R-Methode* (aktives, vertiefendes Lesen) – **S**urvey/Überblick gewinnen, **Q**uestion/Fragen an den Text stellen, **R**ead/Lesen, **R**ecite/Rekapitulieren, **R**eview/Wiederholung.

✓ Markieren.

✓ Exzerpieren.

DIE WISSENSCHAFTLICHE ARBEIT

- ✓ Ein geeignetes Thema finden und formulieren.
- ✓ Systematisch recherchieren.
- ✓ Korrekt Exzerpieren.
- ✓ Wissenschaftlich arbeiten und eigenständige Leistungen erbringen.
- ✓ Treffend formulieren.
- ✓ Einwandfrei zitieren.
- ✓ Professionell formatieren.
- ✓ Sachgerecht korrigieren.
- ✓ Überzeugend verteidigen im Kolloquium.

VORTRAGEN UND PRÄSENTIEREN

Siehe dazu 4. Kapitel „*Selbstbewusst reden vor Gruppen*".

OPTIMALE PRÜFUNGSVORBEREITUNG

- ✓ Planung früh genug beginnen.
- ✓ Übersichtliches Lernskript erstellen, durch die Strukturierung prägt sich der Lernstoff bereits ein.
- ✓ Schwerpunkte herausfinden.
- ✓ Lernetappen setzen mit Tages- und Wochenzielen.
- ✓ Erholungsphasen und Freizeit ohne Reue.
- ✓ Belohnungen als Anreiz.
- ✓ Kurz vor der Prüfung nur noch wiederholen.
- ✓ Am Prüfungstag sich nicht verunsichern lassen und positiv eingestimmt sein.
- ✓ In der Klausur die Aufgaben genau lesen und zuerst die Aufgaben lösen, die man beherrscht, Aufgaben auch ansatzweise beantworten, leserlich schreiben und nicht vom Thema abschweifen.
- ✓ In der mündlichen Prüfung genau hinhören, ggf. nachfragen und erst antworten, wenn die Frage verstanden ist, im Gesprächsfluss bleiben, selbstsicher auftreten.
- ✓ Prüfungsangst? Gute Vorbereitung, Mut zusprechen, Worst-Cases gedanklich durchspielen, übertriebene Erwartungen reduzieren, sich mit Prüfungssituation vertraut machen.

✓ Einzelarbeit: lesen, schriftliche Ausarbeitung, auswendig lernen; allerdings ist man isoliert beim Lernen und sich oftmals unsicher über die Qualität und Quantität.

✓ Gruppenarbeit: aufarbeiten, wiederholen, Fragen klären; nur in Kleingruppen mit einer klaren gemeinsamen Zielsetzung und Planung.

Diese knappe Übersicht ist als ein kleiner Ratgeber für Tutoren zu verstehen, die damit wertvolle Tipps für ein erfolgreiches Lernen in ihren Tutorien vermitteln können. Bei ernsten Problemen, wie z.B. auffälligen Konzentrationsstörungen, stark ausgeprägter Prüfungsangst etc. reichen die wohlgemeinten Hinweise der Tutoren allerdings nicht mehr aus. Hier können die entsprechenden Beratungsstellen der jeweiligen Hochschulen dann professionelle Hilfe anbieten.

Je aktiver die Teilnehmer in einem Lehr- und Lernprozess sind, desto größer ist ihre Behaltenskurve:

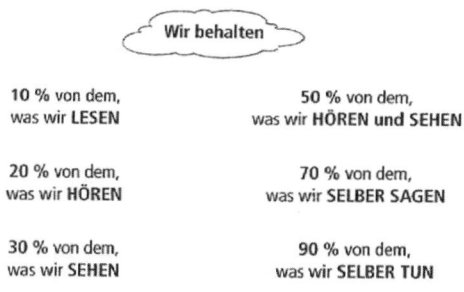

Abbildung 12: Behaltensquote (Entnommen aus: Klein, 2003, S. 83)

Für den Tutor heißt das für die konkrete Umsetzung in seinem Tutorium u.a.:

✓ Bedeutung der Lehrinhalte erklären
✓ Überblick verschaffen und Interesse wecken
✓ Anknüpfen an vorhandenes Wissen
✓ Strukturierte bzw. transparente Inhaltsvermittlung
✓ Visualisierung
✓ Überschaubare Lerneinheiten
✓ Pausen an geeigneten Stellen
✓ Trainingsphasen einbauen

✓ Anerkennende Rückmeldung geben
✓ Zusammenfassung und Wiederholungen von wichtigen Punkten
✓ Gesamtzusammenhang von Gelerntem und Anwendung verdeutlichen
✓ Mehrere Sinne ansprechen (Augen, Ohren, etc.)
✓ Auf Gefühle achten und weder Angst noch Stress verursachen
✓ Hilfe zur Selbsthilfe und Anregung zur Weiterarbeit geben
✓ Transfer in die Praxis leisten
  (Vgl. Heister, 2007; Heister u.a., 2007; Heister/Weßler-Poßberg, 2007; Krämer/Walter, 2004; Kröpke, 2011a; Kröpke, 2011b; Schilling, 2005; Schräder-Naef, 2008; Schubert-Henning 2007)

Methoden-Tipp für Tutorentrainer:

Da die Tutoren bereits über viele eigene Lernerfahrungen aus Schule und Studium verfügen, empfiehlt es sich hier, das Thema *Lernen lernen* in der Gruppe zu erarbeiten. Zudem lassen sich zu den einzelnen Bereichen sehr gut Arbeitsblätter einsetzen. Beispielsweise ein Lerntypentest, ein Test zur persönlichen Leistungskurve, Handouts zur Prioritätensetzung oder für die persönliche Zielsetzung.

Ein besonderer *Aha-Effekt* ist es, mit der Gruppe oder in Einzelarbeit einen Wochenplan (vorgefertigt als Handout) ausfüllen zu lassen mit allen feststehenden Terminen, wie z.b. Veranstaltungen in der Hochschule, Sport, Einkaufen, Besuche etc. Sehr schnell wird deutlich, dass es nur geringe Zeitfenster zum Lernen gibt und von daher ein gutes Selbstmanagement erforderlich wird.

Das Thema ‚Zeitdiebe' oder ‚Einzel- oder Gruppenarbeit?' kann gut in Kleingruppen erarbeitet werden. Die persönlichen Zeitfresser werden gesammelt und dafür Bewältigungsstrategien überlegt. Bei dem Thema Einzel- oder Gruppenarbeit können die Vor- und Nachteile aufgelistet werden. Die Ergebnisse und Erfahrungen werden im Plenum vorgestellt und diskutiert.

Kleine Gedächtnistrainingsübungen, wie das Merken von langen Zahlenkombinationen oder vielen unterschiedlichen Begriffen, dienen der Auflockerung und machen sensibel für die Thematik. Dazu werden die Zahlen oder Begriffe der Gruppe gezeigt und dann verdeckt. Die Teilnehmer müssen nun aus dem Gedächtnis die Zahl oder möglichst viele Begriffe notieren. Anschließend werden die Ergebnisse verglichen. Eine Diskussion über die Herangehensweise schließt sich an. Um die Behaltensquote zu optimieren, lassen sich Zahlen oder Begriffe clustern oder mit kleinen Geschichten verbinden.

Die Methoden in der Schulung sollten so angelegt sein, dass die Tutoren sie in ihren Tutorien ebenfalls einsetzen können.

2.2.3 Die ideale Schlussphase – Qualitätssicherung und Transfer

Viele Tutoren schauen irgendwann auf die Uhr und sagen: *„Oh, die Zeit ist ´rum, dann machen wir jetzt für heute Schluss."* Damit ist das Tutorium dann beendet, unabhängig davon, ob eine Aufgabe beendet ist.

Ein Tutorium sollte nicht einfach so abgebrochen werden, weil die Zeit abgelaufen ist. Vielmehr sollte auch die Schlussphase zeitlich gut mit eingeplant werden. Diese ist in einem Tutorium gekennzeichnet durch eine kurze Wiederholung oder Zusammenfassung der Lerninhalte um das Gelernte noch einmal zu vertiefen und zu festigen bzw. das Gelernte in einen Kontext einzubetten. Auch offene Fragen können noch geklärt bzw. in den Gesamtkontext eingeordnet werden. Ein Ausblick auf das nächste Tutorium sowie eine nette Verabschiedung runden diese Phase idealerweise ab. Darüber hinaus kann eine Feedback-Runde zu der Tutoriumsstunde integriert werden. Evaluationen helfen ebenfalls den Erfolg zu sichern. Soll die Nachhaltigkeit für die Praxis gesichert werden, bietet es sich außerdem an einen Transfer zu schaffen.

Qualität sichern durch Feedback und Evaluation

Die Evaluation ist ein wichtiges Instrument im Rahmen von Tutorenprogrammen um sach- und fachgerecht zu prüfen, ob mit den Angeboten die angestrebten Ziele und die Zielgruppen erreicht werden. So lassen sich die Angebote an die jeweiligen Bedarfe anpassen und Defizite rasch beseitigen. Regelmäßig sollten sowohl Tutorenschulungen als auch Tutorien evaluiert werden. Die Auswertung der Ergebnisse sollte in Verbesserungsstrategien fließen und keine reine Qualitätskontrolle sein. Nur so kann Evaluation einen wichtigen Beitrag liefern.

EVALUATION DER TUTORIEN
Es gibt einerseits die Möglichkeit einer systematischen Evaluierung mit standardisierten Fragebögen, die in der Regel schnell und leicht, z.B. von einer Koordinierungsstelle Evaluation ausgewertet werden können. Mögliche „ [...] Punkte wie z.B. die Zuverlässigkeit der Tutoren (Abmeldung bei Ausfall des Tutoriums, Pünktlichkeit), der Aufbau und die Struktur des Tutoriums, das Engagement (Gesprächsbereitschaft) und das methodisch-didaktische Handeln des

Tutors [werden] abgefragt. Für die Studenten besteht auch im Rahmen einer offenen Frage die Möglichkeit Anregungen und Verbesserungsvorschläge für das jeweilige Tutorium zu geben." (Kirsch, 2013, S. 151)

Damit erhält der Tutor eine wertvolle Rückmeldung über seine Lehrtätigkeit und kann sein Konzept ggf. optimieren. Dafür empfiehlt es sich, das Tutorium in der Mitte des Semesters evaluieren zu lassen. Die Ergebnisse können den Tutanden vorgestellt werden, denn nur so kann gemeinsam auf der Basis der ermittelten Ergebnisse sehr transparent eine Bilanz über die Zusammenarbeit gezogen werden.

Außerdem besteht die Möglichkeit die Tutoren anzuregen, sich ihr Feedback auch über andere Methoden einzuholen, wie über selbst erstellte Fragebögen, *Stimmungsbarometer*, *Blitzlicht*, *Zielscheibe* etc. (siehe unten).

EVALUATION TUTORENQUALIFIZIERUNG

Neben der Evaluierung der Tutorien sollten ebenfalls die Schulungen regelmäßig evaluiert werden. Auch hier gibt es wieder die Möglichkeit sowohl mit alternativen Methoden oder mit einem standardisierten Fragebogen, der dann offiziell ausgewertet wird, zu evaluieren. In den Fragebögen werden demografische Daten abgefragt, aber auch Gründe für die Aufnahme einer Tutorentätigkeit oder Vorerfahrungen in der Gruppenleitung. Offene Fragen oder Verbesserungswünsche zeigen, wo ggf. noch Verbesserungspotential besteht.

Darüber hinaus können aber auch Reflexionsgespräche oder Hospitationen eine Rückmeldung zu Schulungsinhalten, der methodisch-didaktischen Vorgehensweise in den Schulungen und dem Auftreten des Trainers geben. Online-Evaluationen mit einem zeitlichen Abstand zeigen zudem noch, ob ein gelungener Transfer der gelernten Inhalte und Methoden in das Tutorium stattgefunden hat.

> „Sowohl die Evaluation von allgemeinen Tutorenqualifizierungsprogrammen als auch die der einzelnen Tutorenangebote sollten wichtige Bestandteile der Evaluation von Lehre und Studium an einer Hochschule sein. Tutoren sollten dabei jedoch nicht (nur) auf den Prüfstand gestellt werden – vielmehr sollte Evaluation als ein Instrument verstanden werden, das die Tutoren bei der Entwicklung ihrer Lehrkompetenzen begleitet und unterstützt." (Peters, 2013, S. 71)

Evaluationen bieten die Chance für Transparenz und Dialog. Gerade positive Ergebnisse sollten offen gelegt werden, denn sie lassen sich sehr gut als Diskussionsgrundlage mit Entscheidungsträgern bzw. Stakeholdern oder als Dokumentation zur Außendarstellung, wie z.B. auf Webseiten oder in Berichten, verwenden.

Neben diesem eher formellen Vorgehen lassen sich aber auch noch weitere Methoden einsetzen, um eine Rückmeldung über das Seminar bzw. das Tutorium zu erhalten. Diese sind sehr unterschiedlich und reichen dabei von einem einfachen Stimmungsbild bis hin zu einem aussagekräftigen Abschluss-Feedback. Die Auswahl der Methode hängt von dem Ziel und Zweck und nicht zuletzt von der zur Verfügung stehenden Zeit ab.

In den Tutorenqualifizierungen werden dazu Instrumente ausgewählt, die auf die Lehrpraxis von Tutoren durchaus übertragbar sind.

Methoden-Tipp für Tutorentrainer:

STIMMUNGSBAROMETER, ZIELSCHEIBE

Hierzu werden auf einem Flipchart-Bogen Raster (Zielscheibe oder Barometer) aufgemalt und die Teilnehmer aufgefordert ein Kreuz oder einen Klebepunkt an die Stelle zu setzen, welche die (momentane) Stimmung zum Ausdruck bringt hinsichtlich folgender Aspekte: Verhalten des Lehrenden, Gruppenzusammenarbeit, Stimmung, Lernerfolg, Erreichen der angestrebten Ziele etc.

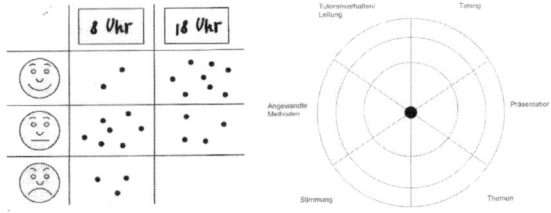

ONE MINUTE PAPIER (MINUTENABFRAGE)

In den letzten beiden Minuten der Veranstaltung beantworten die Teilnehmer folgende Fragen:

1. Was ist das Wichtigste, was Sie heute gelernt haben?
2. Was haben Sie am wenigsten verstanden?

Das Verständnis der Studierenden über zentrale Inhalte sowie Verständnisschwierigkeiten lassen sich darüber erfahren. Ein Handout mit den Fragen kann vorbereitet in die Gruppe gegeben werden, wird dann eingesammelt, ausgewertet und in der nächsten Sitzung ggf. thematisiert. (Vgl. Winteler, 2004, S. 131)

Jeder Teilnehmer erhält ein DIN A4 Blatt und die Aufgabe, seine Hand darauf zu ummalen. In die jeweiligen Finger wird dann die entsprechende Rückmeldung geschrieben, d.h.:

Daumen: 'Top, das hat mir gut gefallen!'
Zeigefinger: 'Das habe ich gelernt!'
Mittelfinger: 'Stinkefinger! Das hat mir gestunken!'
Ringfinger: 'So habe ich mich gefühlt!'
kleiner Finger: 'Das kam mir zu kurz!'
Die Bögen werden eingesammelt und später ausgewertet oder die Teilnehmer stellen ihr Feedback im Plenum vor.

BLITZLICHT

Nach einer thematischen Einheit oder am Schluss der Veranstaltung werden die Teilnehmer gebeten, kurz in einem Satz eine Rückmeldung zu geben. Die einzelnen Äußerungen werden nicht kommentiert; ggf. kann sich eine Reflexion mit der Gruppe anschließen. Gerade zu Beginn der Entwicklung einer Feedback-Kultur kann hier eine Feedback-Kurzformel helfen:
Feedback = X hat mir gut gefallen + Y wünsche ich mir noch
Lob und Anerkennung stehen hier an erster Stelle, Wünsche oder Kritik werden in zweiter Linie geäußert.

TISCHTUCHPROTOKOLL

Manche Rückmeldung wird gar nicht gegeben, weil viele sich nicht trauen etwas zu sagen. Eine große Papiertischdecke kann helfen, dass die Teilnehmer hier ihre Kommentare abgeben, kritzeln, malen zu all dem, was ihnen im Kopf herumgegangen ist. Die 'Kunstwerke' können angeschaut oder auch besprochen werden. (Vgl. Böss-Ostendorf/Senft, 2014, S. 270ff.)

Transfer schaffen und Nachhaltigkeit für die Praxis sichern

> „Themen können noch so gut aufbereitet, präsentiert und bearbeitet werden, der Seminarerfolg lässt sich nur daran messen, was die Teilnehmer in ihrem Arbeitsalltag umsetzen. Worauf kommt es an? Welche Prinzipien sind entscheidend für eine transferorientierte Seminarstrategie?" (Besser, 2004, S. 16)

Geht es um die Vermittlung von Wissen, so geht es auch immer darum, wie Lerninhalte über Lehrveranstaltungen hinaus in den Alltag oder in die Praxis transferiert werden können. Die Teilnahme an Seminaren hat nur einen Mehrwert, wenn Inhalte davon auch in konkrete Handlungen umgesetzt werden. Erst mit einer nachhaltigen Verankerung ist ein Transfer gelungen. Um dieses Ziel zu erreichen, sind unterschiedliche Transferelemente im Seminarverlauf zu berücksichtigen.

Der Aspekt einer Transfersicherung muss direkt zu Beginn ein Startelement sein, in dem die Teilnehmer in der Einstiegsphase nach ihren Erwartungen gefragt und klare Lernziele aufgestellt werden. Nur so wird ein direkter Bezug zu dem Lehr-/Lernalltag hergestellt. Im weiteren Verlauf eines Seminars müssen Teilnehmer immer wieder die Möglichkeit erhalten, das Erlernte auf ihre Situationen zu exportieren. *Lernstopps* mit Reflexionseinheiten (auf der Meta-Ebene), Visualisierungen über mögliche Anwendungsfelder, transferförderliche Aufgabenstellungen oder Simulationen zu typischen Situationen in einem Tutorium sind nur einige transferfördernde Methoden.

Neben dem allgemeinen Feedback am Ende einer Lehrveranstaltung (,*Was kann ich aus dem Seminar mitnehmen?*') empfiehlt sich u.a., dass jeder Teilnehmer bezogen auf die vermittelten Lerninhalte einen konkreten, möglichst realistischen Maßnahmenkatalog mit persönlichen Vorhaben entwickelt, der zeitnah umgesetzt wird, wie z.B. im Fall der Tutoren, den Einsatz einer kooperativen Lernmethode auszuprobieren. In Tutorenprogrammen, in denen Hospitationen oder andere Praxisbegleitungen vorgesehen sind, empfiehlt es sich in diesem Rahmen, den Grad des Transfererfolgs noch einmal zu erörtern und mit den ursprünglichen Absichten abzugleichen. Eine Alternative dazu sind Peergruppen, sogenannte Veränderungsteams, die sich zusammenfinden und in denen ebenso ein Austausch über die Umsetzungsmöglichkeiten stattfinden kann. Gerade mit diesen verbindlich abgesprochenen Maßnahmen wird die Motivation, die persönlichen Vorhaben auch wirklich in die Tat umzusetzen, aufrechterhalten. (Vgl. Nowotny/Tantau, 2012, S. 158f.)

Während Tutoren in ihren Veranstaltungen Methoden anwenden müssen, damit Studierende ihr erworbenes Wissen wiederholen bzw. verankern können, um es auf andere Aufgaben zu transferieren, benötigen Tutorentrainer Transferinstrumente in ihren Schulungen, die eher einen hochschuldidaktischen Transfer sicherstellen, d.h. dass Tutoren nach den Schulungen in der Lage sind, das Erlernte in ihrem Tutorenalltag umzusetzen.

Zunächst einmal werden nun einige Methoden dargestellt, die Tutoren unkompliziert zur Wiederholung, Vernetzung und Anwendung von Lerninhalten in ihren Tutorien einsetzen können und die zu einem nachhaltigen Lernen führen; im Gegensatz zu dem umgangssprachlichen *Bulimie-Lernen* (Lernen von großen Stoffmengen kurz vor einer Klausur, die noch höchstens in der Klausur abgerufen werden können und danach vergessen werden, d.h. salopp formuliert: reinfuttern, ausspucken und vergessen) zielt das auf eine tiefe Betrachtungsweise (*deep approach*) ab.

Spickzettel schreiben
Zum Ende des Tutoriums oder nach einer thematischen Lerneinheit werden die Tutanden gebeten, einen Spickzettel anzulegen. In Einzelarbeit werden auf einem DIN A-5 oder DIN A-6 großen Blatt Papier oder Karton die wichtigsten Merkposten notiert. Anschließend wird über den Inhalt der Spicker in der Gruppe diskutiert. Spickzettel können auch untereinander ausgetauscht werden. Mit Spickzetteln wird das Gelernte wiederholt und geübt, sie können später auch zur Prüfungsvorbereitung (!) eingesetzt werden.

Einem Partner erklären
Im Tutorium bilden sich Paare (meist Sitznachbarn), die untereinander eine vom Tutor gestellte Aufgabe erläutern. Verständnisfragen oder Visualisierungen während der Erklärungen sind erlaubt. Nach einer Aufgabe erfolgt ein Rollentausch, sodass jeder einmal erklären muss. Im Anschluss an die Übung gibt es ein gegenseitiges Feedback.

Prüfungsfragen
Jeder Tutand formuliert am Ende des Tutoriums eine mögliche Prüfungsfrage zu dem Lernstoff. Diese werden untereinander getauscht, beantwortet und in *Murmelgruppen* besprochen. Im Plenum werden dann zwei bis drei Fragen diskutiert.

Mind-Map
Als Zusammenfassung des Tutoriums wird ein Mind-Map erstellt (siehe 5. Kapitel).

Schockmemory
Am Ende einer Tutoriumsstunde schreiben entweder die Studierenden oder der Tutor die fünf wichtigsten Begriffe aus dem Tutoriat auf Karteikarten. Diese werden vom Tutor in der nächsten Stunde mitgebracht und verteilt. Die Tutanden haben die Aufgabe, die Begrifflichkeiten als Wiederholung ausführlich zu erklären. Mitunter dürfen sie dazu ihre Tischnachbarn um Unterstützung bitten oder einen Blick in die Unterlagen bzw. das Skript werfen. (Vgl. Meyerhoff/Brühl, 2009, S. 144ff.; Schumacher, 2014, 49. Methode)

Für die Tutorenqualifizierungen bieten sich hingegen folgende Methoden für eine konkrete Transferumsetzung in die Praxis an:

Methoden-Tipp für Tutorentrainer:

TRANSFERGUIDE

Am Ende der Tutorenschulungen werden folgende Fragen in Bezug auf die Lerninhalte visualisiert:

- Was will ich davon umsetzen?
- Wie will ich es umsetzen?
- Wann will ich es umsetzen?
- Welche Hindernisse gibt es unter Umständen?
- Welche Unterstützung brauche ich dafür?
- ...

Die Tutoren erhalten dazu einen vorbereiteten Aktionsplan, den sie in Einzelarbeit mit ihren eigenen konkreten Transferüberlegungen ausfüllen.

AKTIONSPLAN FÜR MEIN TUTORIUM			
Was will ich tun?	Mit wen?	Wie	Bis wann?

Entweder werden die Vorhaben exemplarisch vorgestellt oder die Bögen werden mit nach Hause genommen und dort während der Vorbereitungsphase mit berücksichtigt. In Hospitationen oder Reflexionsgesprächen können sie ebenfalls mit einfließen.

TRANSFER BRIEF (BRIEF AN SICH SELBST)

Die Aktionspläne werden eingesammelt und den Teilnehmer nach einiger Zeit per Post zugeschickt. Somit werden alle noch einmal mit einem zeitlichen Abstand an ihre persönlichen Vorhaben und die Umsetzung in die Praxis erinnert.

TRANSFERKARTEN

Alle Teilnehmer erhalten vorbereitete Transferkarten (in Anlehnung an eine gelbe oder rote Schiedsrichterkarte) und können damit den Seminarablauf unterbrechen, wenn der Transfer auf das eigene Tutorium für sie nicht mehr gegeben ist. Es erfolgt ein *Lernstopp* und der Dozent erläutert sein Anliegen; ggf. wird im Plenum darüber kurz lösungsorientiert diskutiert.
Alternativ können die Karten auch für ein kurzes Stimmungsbild zwischendurch eingesetzt werden. Ist eine starke Transferleistung gegeben, wird eine Karte hoch gehalten, andernfalls nach unten. Mit dieser Abstimmung wird signalisiert, wie transferorientiert die entsprechende Schulungseinheit war. Thematische Ergänzungen müssen sich unter Umständen anschließen.
(Vgl. Kröpke/Wittau/Eßer, 2014, S. 117)

TAKE-HOME-MESSAGE

Der Tutorentrainer gibt noch einmal eine Zusammenfassung der Seminarinhalte (evtl. als Seminarreise) am Ende der Schulung. Jeder Tutor überlegt nun innerhalb von drei bis fünf Minuten seine persönlich wichtigste Erkenntnis aus dem Seminar. Anschließend werden diese reihum vorgestellt und am Flipchart visualisiert. Alternativ können Moderationskarten beschriftet und an die Pinnwand gehängt werden. Der Transfergedanke kann bei der Aufgabenstellung ebenfalls bedacht werden. Ein Fotoprotokoll für alle Teilnehmer fördert die Nachhaltigkeit. (Vgl. Keller, 2013, S. 253f.)

Diese konkreten Transfermethoden stehen nicht isoliert in einer Schulung bzw. in einem Tutorium, sondern müssen methodisch-didaktisch in das Gesamtkonzept passen. Die Zeit für eine Transfersicherung sollte in einer Lehrveranstaltung unbedingt mit eingeplant werden, da sie bereits schon eine gute Vorbereitung auf die eigene Lehr- und Lernsituation darstellt. Wird der Nutzen von Seminarinhalten deutlich und erfolgt die Vermittlung nahe an der eigenen Realität, gelingt Transfer am besten. Teilnehmer und gerade Tutoren müssen ermuntert werden, Geplantes in die Praxis umzusetzen, wie z.B. teilnehmeraktivierende Methoden oder kreative Lernstrategien. Mögliche auftretende Hindernisse und Schwierigkeiten können vorweggenommen thematisiert und denkbare Strategien zur Überwindung entwickelt werden. So lassen sich leichter Erfolge verzeichnen, welche die Motivation zur Implementierung von Neuem anwachsen lassen.

Eine Unterstützung zur Motivation der Teilnehmer, die neuen Erkenntnisse auch tatsächlich umzusetzen, bietet das *WEPT-Prinzip*:

„1. Du musst es wirklich **W**ollen!

2. Du triffst eine verbindliche **E**ntscheidung! (Du fasst einen Entschluss, machst einen Vertrag mit dir selber oder einem Partner).

3. Du **p**lanst die Umsetzung konkret wie folgt: Was? Wie? Wann? Mit wem?

4. Dann **t**ust Du es!" (Klein, 2003, S. 179)

2.3 Tutorien sinnvoll nachbereiten

Nach dem Tutorium ist bekanntlich vor dem Tutorium. Eine konsequente Nachbereitung dient der Vorbereitung auf das nächste

Tutorium. Selbstreflexion, Hospitationsergebnisse, Feedback der Lerngruppe oder Evaluationsergebnisse sind Instrumente, die als Unterstützung eingesetzt werden können. Nur so können Lehr- und Lernprozesse langfristig optimiert werden. (Vgl. Ritter-Mamczek, 2011, S. 35ff.)

Leitfragen sollen die Phase der Nachbereitung anregen:

- ✓ Welche Rolle habe ich im Tutorium eingenommen: Lernbegleiter, Moderator, Vortragender, Übungsleiter, ...?
- ✓ Was ist mir gut gelungen; was nicht so gut?
- ✓ Was ist mir besonders gut gelungen, worauf bin ich richtig stolz?
- ✓ Wie sehe ich mich als Mittler zwischen Professor und Studierende?
- ✓ Mit welchen Erwartungen sind die Studierenden in das Tutorium gekommen? Decken diese sich mit dem eigenen Angebot?
- ✓ Fachspezifische Reflexion: Habe ich alle Aufgaben geschafft? Habe ich meine Lernziele für die Stunde erreicht? Waren die Aufgaben ggf. zu leicht bzw. zu schwer?
- ✓ Gab es genügend Teilnehmeraktivierung? Kann ich hier noch andere didaktische Methoden oder Medien einsetzen?
- ✓ Wie ist der Transfer der Seminarinhalte in die Praxis gelungen?
- ✓ Muss ggf. eine organisatorische Optimierung erfolgen?
- ✓ Gab es schwierige Situationen, mit denen ich überfordert war? Welche waren das? Wie habe ich reagiert?
- ✓ Welche Rückmeldung gab es zu der Veranstaltung?

Die Reflexion sollte nach jeder Tutoriumsstunde erfolgen. Bei der Beantwortung der Fragen, ergeben sich unter Umständen neue To-dos, die beachtet und noch umgesetzt werden müssen. Entweder reflektiert der Tutor für sich oder er sucht das Gespräch mit anderen Tutoren für eine Peer-Reflexion. Ebenso bieten sich Gespräche mit dem betreuenden Professor oder den Tutorentrainern an.

Über das eigene Lehrverhalten zu reflektieren, kann für die weitere Arbeit als Tutor nur positive Auswirkungen haben. Je besser man sich selbst in Lehrsituationen kennt, umso eher gelingt es den weiteren Lehr- und Lernprozess zu planen, zu regulieren und letztendlich auch zu optimieren.

3. Für alle Phasen gerüstet – Handwerkszeug für einen guten Tutor

3.1 Aktiv Zuhören statt Hinhören

Fragt man in der Tutorenschulung, wer richtig zuhören kann, so melden sich nur sehr wenige. Auch wenn Zuhören den Meisten schwerfällt, so ist es der Schlüssel einer jeden Kommunikation und damit auch einer Lehrsituation. In den Tutorien kommunizieren die Tutoren mit den Studierenden. Es wird diskutiert, Fragen werden gestellt und Gespräche geführt.

Der Tutor muss aktiv zuhören können, denn nur wenn er alles richtig verstanden hat, kann er gezielt antworten, Stellung beziehen oder Lösungsvorschläge anbieten. Durch aktives Zuhören werden Missverständnisse vermieden und das genaue Verstehen der Aussagen des Gesprächspartners gefördert. Darüber hinaus wird gegenseitiges Vertrauen aufgebaut und ein wertschätzender Umgang gefördert.

Folgende Strategien fördern aktives Zuhören:

- ✓ Tutoren halten Blickkontakt zum Tutanden.
- ✓ Tutoren geben Zustimmungssignale, beispielsweise verbal (‚hm‘, ‚ja‘...) oder nonverbal durch Kopfnicken, Lächeln etc.
- ✓ Tutoren reformulieren (paraphrasieren) Teilnehmeräußerungen, d.h. sie geben die Äußerungen des Tutanden noch einmal mit eigenen Worten wieder.
- ✓ Tutoren stellen offene Fragen (*„Was meinst Du damit?“, „Wie ist das zu verstehen?“*).
- ✓ Tutoren vergewissern sich, ob sie den anderen richtig verstanden habe (*„Habe ich Dich richtig verstanden ...?“, „Du meinst ...?“, „Deinen Lösungsvorschlag verstehe ich so ...?“*).

Methoden-Tipp für Tutorentrainer:

ZUHÖRÜBUNG/KONTROLLIERTER DIALOG

Mit dieser Übung werden die Tutoren einerseits dafür sensibilisiert wie schwierig es sein kann richtig zuzuhören und lernen andererseits aktiv zuzuhören.

Es werden 3er-Gruppen gebildet. Personen A und B überlegen sich ein Thema und führen ein kontroverses Gespräch darüber. Die Aussagen des Gesprächspartners müssen jeweils paraphrasiert (sinngemäß wiederholt) werden: Person A beginnt mit einer Aussage, die dann von B sinngemäß wiederholt wird. Wird das richtig umgesetzt, kann das Gespräch fortgesetzt werden, d.h. Person B antwortet nun auf die Aussage von A, wo nun A den Sinn richtig wiedergeben muss. Das Gespräch darf immer nur dann fortgeführt werden, wenn die sinngemäße Wiederholung richtig war.

Person C hört zu, beobachtet, greift ein wenn Spielregeln verletzt werden und protokolliert verbales und nonverbales Verhalten. Nach ca. 10 Minuten Wechsel der Rollen. Jeder muss einmal Beobachter gewesen sein. Im Plenum lassen sich anschließend noch wichtige Erkenntnisse oder Schwierigkeiten diskutieren. (Vgl. Dürrschmidt u.a., 2010, S. 37f.)

AKTIV ZUHÖREN

Den Tutoren wird eine kurze Geschichte vorgelesen. Im Anschluss daran wird ein Arbeitsblatt mit vorbereiteten Aussagen zum geschilderten Sachverhalt ausgeteilt. Die Tutoren kreuzen nun an, ob die Aussagen richtig oder falsch sind, oder ob sie keine eindeutige Aussage darüber machen können. Im Anschluss werden die einzelnen Aussagen im Plenum besprochen und es wird erarbeitet, was zu den (Fehl-)Einschätzungen geführt hat.

Die Geschichte:
Ein Vorgesetzter spricht mit einem Mitarbeiter über die Einhaltung der Arbeitszeit. Der Mitarbeiter ist der Überzeugung, er habe sich nichts zu Schulden kommen lassen. Wenn er – was selten vorkomme – morgens nach 07.30 Uhr komme, bleibe er nachmittags über 16.30 Uhr hinaus da. Der Vorgesetzte schlägt ihm vor, in Zukunft die Ankunftszeiten aufzuschreiben, der Mitarbeiter stimmt zu, wenn die Kollegen ebenfalls solche Aufzeichnungen machen.

Das Arbeitsblatt:
Bitte ankreuzen, ob die genannte Aussage richtig, falsch oder nicht eindeutig als richtig oder falsch einschätzbar ist.

		Richtig	- ? -	Falsch
1.	Der Vorgesetzte ruft einen Mitarbeiter zu sich, um mit ihm über die Einhaltung der Arbeitszeit zu sprechen.			
2.	Der Vorgesetzte ist über die Unpünktlichkeit seines Mitarbeiters verärgert.			
3.	Der Vorgesetzte überwacht eine Zeit lang die Ankunftszeiten des Mitarbeiters.			
4.	Der Vorgesetzte macht dem MitarbeiterVorhaltungen wegen der Nichteinhaltung der täglichen Arbeitszeit.			
5.	Der Mitarbeiter kommt in letzter Zeit öfter zu spät.			
6.	In der Firma ist Gleitzeit eingeführt, es kommt nicht auf Anfang und Ende, sondern auf die Dauer der täglichen Anwesenheit an.			
7.	Der Mitarbeiter beweist, dass er nie weniger als vorgeschrieben anwesend war.			
8.	Der Mitarbeiter stimmt dem Vorschlag zu, die tägliche Anwesenheit aufzuschreiben.			
9.	Der Vorschlag sieht vor, die tägliche Anwesenheit aufzuschreiben			
10.	Der Mitarbeiter behauptet, er bleibe nachmittags länger da, wenn er morgens später komme.			
11.	Die Kollegen kommen ebenfalls öfter zu spät (bzw. gehen früher).			
12.	Der Vorgesetzte veranlasst, dass die kollegen ebenfalls Aufzeichnungen machen.			
13.	Vorgesetzter und Mitarbeiter haben sich gütlich geeinigt.			

Lösungen:

		Richtig	- ? -	Falsch
1.	Es wird im Text nichts darüber gesagt, dass der Vorgesetzte den Mitarbeiter zu sich ruft; vielleicht such der Vorgesetzte den Mitarbeiter auf.		x	
2.	Vielleicht ist der Vorgesetzte beunruhigt oder besorgt.		x	
3.	Das wäre eine Vermutung, im Text ist das nicht belegt.		x	
4.	Darüber enthält der Text keine Information.		x	
5.	Das ist eine Vermutung, vielleicht ist der Vorgesetzte auch sehr genau und führt nach zweimaligem Zuspätkommen bereits ein Gespräch.		x	
6.	Darüber sagt der Text nicht aus.		x	
7.	Der Mitarbeiter behauptet das.		x	
8.	Steht fast wörtlich im Text.	x		
9.	Die Ankunftzeiten sollen aufgeschrieben werden.			x
10.	Siehe Text.	x		
11.	Das ist eine Vermutung.		x	
12.	Möglicherweise wird er das tun.		x	
13.	Über eine Einigung ist nichts ausgesagt.		x	

(Vgl. www.unibw.de/lehrplus/methodenkoffer/copy_of_zuender/aktivzuhoeren)

3.2   Gewusst wie – Tutanden richtig motivieren

Tutoren brauchen konkrete Tools um ihre Tutanden zu motivieren. „Zwei Arten der Motivation sind grundsätzlich zu unterscheiden: primäre und sekundäre. *Primäre* nennen wir die selbstbestimmte, d.h. den Interessen der Person selbst entspringende Motivation. Im Gegensatz dazu bezeichnet *sekundäre* Motivation solche, die tendenziell fremdbestimmt ist, z.B. durch Prüfungsanforderungen,

Berufsvoraussetzungen oder ähnliche Formen äusserer Vorgaben." (Burchhardt, 2000, S. 27)

Motivation beeinflusst entscheidend den Lernerfolg und dabei ist die eigene Motivation dem Lernen förderlicher als der Anreiz von außen. Es sollte von daher stets eine Umwandlung von einer extrinsischen (sekundären) in eine intrinsische (primäre) Motivation angestrebt werden. So kann beispielsweise das Programm *Excel* für einen Fußballfan auf einmal sehr interessant werden, wenn er weiß, dass er u.a. auch mit der Tabellenkalkulation wöchentliche Fußballergebnisse dokumentieren kann.

In den Tutorien können die Tutanden auf unterschiedlichen Ebenen positiv motiviert werden:

MOTIVIERUNG AUF DER INHALTLICHEN EBENE

- ✓ Orientierung über Ziele, Inhalte und Vorgehensweisen im Tutorium
- ✓ An vorhandene Kenntnisse der Teilnehmer ansetzen
- ✓ Teilnehmer ermuntern, inhaltliche Fragen zu stellen
- ✓ Ggf. Tests zur Lernzielkontrolle einsetzen
- ✓ Die Bedeutung des Themas für die Klausur bzw. Abschlussprüfung herstellen
- ✓ Anwendungsbezüge herstellen
- ✓ Den roten Faden verdeutlichen
- ✓ Schwerpunkte kennzeichnen
- ✓ Den Praxisbezug herstellen

MOTIVIERUNG AUF DER METHODISCH-DIDAKTISCHEN EBENE

- ✓ Medieneinsatz
- ✓ Gruppen- oder Partnerarbeit einplanen (Wechsel von Sozialformen)
- ✓ Teilnehmeraktivierende Methoden einsetzen
- ✓ Herstellung eines angemessenen Aufgabenniveaus, d.h. Unter- und Überforderung halten sich die Waage

MOTIVIERUNG DURCH DAS VERHALTEN DES TUTORS

- ✓ Eigene Begeisterung am Lernstoff dokumentieren
- ✓ Klare Arbeitsaufträge formulieren, die zum Handeln auffordern
- ✓ Fragen stellen, die zum Nachdenken und zur Diskussion anregen
- ✓ Beispiele einbringen und anschaulich erklären

- ✓ Von eigenen persönlichen Erfahrungen berichten
- ✓ Teilnehmer akzeptieren und Einwände ernst nehmen
- ✓ Erfolgserlebnisse einplanen
- ✓ Eigene Fehler zugeben
- ✓ Richtige Äußerungen von Teilnehmern bekräftigen
- ✓ Aktiv Zuhören
- ✓ Konflikte erkennen und angehen
- ✓ Verständlich sprechen
- ✓ Humor nicht vergessen
- ✓ Authentisch wirken

Weniger motivierende Verhaltensweisen sind dagegen unter anderem: Befehlen, anordnen, bestimmen, drohen, Ratschläge erteilen, belehren, dozieren, herabsetzen von Studierenden, ausfragen, sich über Teilnehmer lustig machen, Sympathien und Antipathien gegenüber bestimmten Teilnehmen nicht verbergen. Sie sind nicht förderlich, kritisieren die Studierenden eher und können somit zu Konflikten führen.

Methoden-Tipp für Tutorentrainer:

KOPFSTANDMETHODE

Diese Methode ist eine Ideenfindung, bei der man gezielt nach dem Gegenteil sucht. Mit dieser Umkehrtechnik wird die Fragestellung in ihr Gegenteil gekehrt. Die Aufgabe für die Tutoren heißt dann: „Überlegen Sie sich Demotivationsstrategien für Ihre Teilnehmer im Tutorium? Was müssen Sie tun, um Ihre Tutanden völlig zu demotivieren?"
Auf dieser Grundlage beginnen die Teilnehmer ein Brainstorming – entweder zunächst in Einzelarbeit oder direkt im Plenum. Die Ergebnisse werden für alle am Flip Chart visualisiert. Die gewonnenen Ideen werden jetzt wieder ins Gegenteil gedreht, um ein Motivationsrezept zu erhalten. Einzelne Taktiken können hinsichtlich der konkreten Umsetzung diskutiert und bewertet werden. (Vgl. Wack/Detlinger/Grothoff, 1993, S. 111f.)

BEISPIEL

Demotivation	Motivation	Umsetzung
endlose Monologe	Unterrichtsgespräche und Diskussionen	gezielte Fragen stellen, zuhören, diskutieren, moderieren, Kleingruppenarbeit
...	...	...

(Vgl. Knauf, 2005, S. 139)

Die Methode basiert darauf, dass es Menschen oftmals einfacher fällt Negatives zu formulieren. Mit dieser Umkehrtechnik lassen sich ausgetretene Gedankenpfade verlassen und festgefahrene Situationen auflockern. Bereits die Gegenteile sagen schon viel über das Thema aus; eben nur aus einer anderen Perspektive. Außerdem bereitet diese Methode den Teilnehmer sehr viel Spaß.

„Ein Mann auf der Suche nach einem hübschen Geschenk für seine Frau könnte sich fragen, über welches Präsent sich die Partnerin wohl am heftigsten ärgern würde. Und voilà: Aus Tickets für ein Fußballspiel werden im Handumdrehen Ballett-Karten." (www.wie-ideen-entstehen.de)

3.3 Kleingruppen bilden – leicht gemacht!

Kleingruppenarbeit ist immer eine Möglichkeit, um Lehr- und Lernprozesse variantenreich zu gestalten. Darüber hinaus bietet sie schüchternen Teilnehmern die Möglichkeit aktiv mitzumachen, was in einer kleineren Gruppe oftmals einfacher ist als im Plenum. Kleingruppen sollten idealerweise aus zwei bis max. fünf Mitgliedern zusammengesetzt sein. Wird die Gruppe zu groß, kann die aktive Mitarbeit beeinträchtigt werden und Einzelne können sich aus der Arbeit zurückziehen, ohne dass es auffällt.

Um eine Gruppe aufzuteilen, gibt es unterschiedliche Möglichkeiten:

✓ *Abzählen*, was immer abhängig von der Gesamtteilnehmerzahl und der Anzahl der geplanten Kleingruppen ist. Diese Methode ist einfach umzusetzen, erinnert allerdings oftmals an den Schulunterricht.

✓ *Nachbarschaftsgruppen* bilden; hier arbeiten immer diejenigen zusammen, die in unmittelbarer Nähe sitzen (Schulternachbarn). Diese Einteilung erfordert wenig Zeit, ist für große Gruppen geeignet und garantiert Lernpartner.

✓ *Zufallsgruppen* bilden; diejenigen mit gleichen Puzzleteilen, Satzanfängen bzw. -enden von Sprichwörtern, Karten aus einem Kartenspiel, verschiedenartige Wollfäden (...) finden sich zusammen. Hierzu wird das notwendige Material benötigt und der entsprechende Raum muss zur Verfügung stehen. Neue Kontakte werden geknüpft und es bietet Überraschungen.

✓ *Kriteriengruppen*; so wird die Gruppe z.b. nach bestimmten Kriterien aufgeteilt, wie Heimatregion, Sternzeichen, Fachzugehörigkeit oder Geschwisterkonstellation.

✓ *Wahlgruppen*; Teilnehmer, die zusammen ein gleiches Thema bearbeiten möchten, kommen hier zusammen. Damit findet die Einteilung nach Sachinteressen statt.

✓ *„Wie es Euch gefällt!"*; die Anzahl der Gruppen wird vorgegeben und die Gruppenmitglieder finden sich über Zurufe oder Blickkontakt. (Vgl. Marx, 2004, S. 2)

Methoden-Tipp für Tutorentrainer:

Da in den Schulungen immer mal wieder in Kleingruppen gearbeitet wird, sollten hier unterschiedliche Einteilungsverfahren eingesetzt werden. Nur so lernen die Tutoren die Varianten mit ihren Vor- und Nachteilen kennen.

3.4 Arbeitsaufträge konkret formulieren

Tutoren erteilen einen Arbeitsauftrag und wundern sich dann häufig, dass ihre Teilnehmer noch nachfragen was sie nun tun sollen bzw. erst gar nicht mit der Arbeit anfangen. Eine Gruppe macht immer nur das, was man ihr sagt. Deshalb müssen die Arbeitsaufträge klar und sehr präzise formuliert werden!

Dazu muss der Tutor

✓ festsetzen, was zu bearbeiten ist (der Inhalt).

✓ bestimmen, wie gearbeitet wird (die Sozialform, d.h. beispielsweise Einzel-, Partner- oder Kleingruppenarbeit).

✓ festlegen, wie lange gearbeitet werden soll (die Zeitvorgabe, die bei Bedarf verlängert bzw. verkürzt werden kann).
Formulierungsempfehlung: *„Wir machen um 10.30 Uhr weiter!"* anstatt: *„Sie haben 30 Minuten Zeit!"* Gruppen vergessen oftmals im Zuge der Gruppenarbeit die Startzeit.

✓ vorgeben, wie die Ergebnisse vorgestellt werden sollen (z.B. im Plenum, schriftlich oder mündlich).

Nachdem die Aufgabe deutlich gestellt wurde, noch einmal die Nachfrage und Vergewisserung, ob der Arbeitsauftrag auch wirklich von allen verstanden wurde. Unter Umständen muss der Tutor diesen noch einmal mit anderen Worten wiederholen. Alternativ können Arbeitsaufträge auch visualisiert bzw. als Handout an die Gruppe gegeben werden. Das empfiehlt sich gerade bei umfangreichen Aufgabenstellungen, da die Teilnehmer bei der Bearbeitung immer wieder einen Blick auf die Aufgabe werfen können.

Arbeitsanweisungen müssen prägnant und handlungsanleitend formuliert werden. Bei sehr ausführlichen Arbeitsaufträgen fällt es Teilnehmern manchmal schwer den Kern, also die eigentliche Aufgabe herauszufiltern. Darüber hinaus muss verdeutlicht werden warum die Aufgabe gerade mit dieser Methode erarbeitet werden soll.

Die Zeitvorgabe hilft dem Tutor mit der Präsentation der Ergebnisse oder Lösungen zu dem konkreten Zeitpunkt im Plenum zu starten. Gerade in heterogenen Lerngruppen werden oftmals nicht alle zur gleichen Zeit mit ihren Aufgaben fertig, was den Tutor häufig verunsichert, da er gerne das Lerntempo aller Tutanden berücksichtigen möchte. Es gilt die Faustregel die Zeit ausreichend bzw. eher etwas zu knapp zu bemessen, damit die Studierenden lernen unter Zeitdruck zu arbeiten. Das Zeitlimit kann in Absprache mit den Gruppen immer noch korrigiert und an den tatsächlichen Zeitbedarf angepasst werden. (Vgl. Renkl/Beisiegel, 2003, S. 10f.)

Methoden-Tipp für Tutorentrainer:

Die wichtigen Punkte zur Formulierung eines Arbeitsauftrages können gemeinsam mit den Tutoren im Gespräch erarbeitet werden. Unbedingt sollte sich eine Simulation anschließen, in der die Tutoren das Gelernte mit ihren konkreten Praxisbeispielen umsetzen.

Die Praxiserfahrung zeigt, dass Tutoren theoretisch wissen, worauf es bei der Formulierung ankommt. In der Simulation zeigt sich schnell ein anderes Bild, d.h. es werden viele Punkte bei der Umsetzung wieder vergessen. Von daher muss das Formulieren von Arbeitsaufträgen Learning by Doing geübt werden.

3.5   Gekonnt Fragen stellen

Wer fragt, der führt –

Fragen sind ein wesentliches Instrument in der Gesprächsführung und können zur Teilnehmeraktivierung in Tutorien eingesetzt werden. Indem Tutoren die richtigen Fragen stellen, laden sie ihre Teilnehmer zum aktiven Mitdenken und Mitmachen ein. Häufig werden geschlossene Fragen gestellt und der Tutor wundert sich, warum er keine umfassenden Antworten bekommt. Folgendes sollte beim Fragestellen beachtet werden:

✓ Fragen müssen verständlich und konkret gestellt werden.
✓ Fragen sollten so unkompliziert und so kurz wie möglich sein.
✓ Vertiefungsfragen helfen bei unvollständigen Wortbeiträgen: *„Was meinen Sie genau damit?"*
✓ Offene Fragen bzw. ‚W–Fragen' beginnen mit einem Fragewort (Wer? Wie? Was? Wann? Wo? Warum? Weshalb? ...), lassen maximale Antwortmöglichkeiten zu und verhelfen somit zu einer Bandbreite an Information.
✓ Geschlossene Fragen, die mit einem (Hilfs-)verb beginnen, lassen in der Regel nur eingeschränkte Antwortmöglichkeiten zu: *„Ja.", „Nein.", „Mal sehen ..."* oder *„Vielleicht ..."*
Beispiel: *„Habt Ihr die Aufgabe verstanden?", „Ist Mathematik für Sie wichtig?"*
✓ Immer nur eine Frage stellen; Doppel- und Kettenfragen sind zu vermeiden, sie verwirren die Studierenden nur, da sie nicht wissen, worauf sie dann genau antworten sollen.
✓ Nach der Fragestellung genügend Zeit zum Nachdenken und Antworten lassen.
✓ Bei Unverständnis müssen Fragen reformuliert werden.
✓ Die Fragen an die gesamte Gruppe richten.
✓ Es gibt eine Vielfalt an Frageformen, hier einige Beispiele:
  • Informationsfrage – zielt auf klare, konkrete Aussagen zum erfragten Sachverhalt: *„Was halten Sie von dieser Aufgabe?"*
  • Kenntnisfrage: *„Was wissen Sie zu dem Thema?"*
  • Gegenfrage: *„Wie meinen Sie das?"*
  • Alternativfrage – gewährt dem Antwortenden die Entscheidungsmöglichkeit zwischen mehreren Varianten:
    „Sollen wir jetzt Aufgabe a) oder b) rechnen?"
  • Kontaktfrage: *„Haben Sie den Raum gut gefunden?"*
  • Kontrollfrage: *„Welches Zwischenergebnis können wir festhalten?"* oder *„Können wir dieses Zwischenergebnis jetzt so festhalten?"*
  • Rhetorische Frage – erzeugt in erster Linie Spannung, muntert auf und weckt Interesse:
    „Was mag da für eine Lösung hinter stecken?"
    WICHTIG – eine Antwort wird hier nicht erwartet!
  • Suggestivfrage – lässt in vielen Situationen nur die vom Fragenden suggerierte Antwort zu. Sie ist dann gefährlich, wenn

sie nicht durchschaubar und ihr manipulativer Charakter nicht erkennbar ist: *„Ist es nicht so, wie ich es gesagt habe?"*

- Vorschlagsfrage: *„Was halten Sie von diesem Vorschlag?"*
- Fangfrage – enthält einen vom Fragenden beabsichtigten, sachlich-logischen Fehler, durch den der Gefragte geprüft, nicht selten bloßgestellt, werden soll.

(Vgl. Dürrschmidt u.a., 2010, S. 107ff.; Ruhleder, 1983, S. 29; Schulz, 1999, S. 8ff.)

Methoden-Tipp für Tutorentrainer:

Um Tutoren in den Schulungen für Fragetechniken zu sensibilisieren, eignet sich folgendes methodische Vorgehen:

ERSTER SCHRITT:

Den Teilnehmern wird ein Rätsel vorgelesen und sie haben die Aufgabe, nur mit geschlossenen Fragestellungen die Lösung zu erraten. Hierzu eignen sich die *Black Stories* besonders gut.

BEISPIEL

Das Rätsel: <u>Hinter Glas</u> – Ein Mann beobachtete, wie eine Frau hinter einer Glasscheibe ermordet wurde. Er alarmierte weder die Polizei noch stellte er sich als Zeuge.
Die Lösung: Der Mann war einer von Tausenden, die an diesem Abend den grauenhaften Mord an der Frau beobachteten. Der Mord fand im Fernsehen statt. (Bösch, 2012)

ZWEITER SCHRITT:

Nach dieser Übung lernen die Teilnehmer jetzt offene Fragen zu stellen. Dazu kann der Seminarleiter oder ein Gruppenmitglied beispielsweise nach den Freizeitgewohnheiten befragt werden. Es sind jetzt nur offene Fragen zulässig. Auf geschlossene Fragen gibt es keine Antwort bzw. den Hinweis, diese als offene Frage umzuformulieren. Als Variante kann diese Übung auch paarweise erfolgen.
Anschließend werden die Unterschiede von offenen und geschlossenen Fragen im Hinblick auf die Tutorien reflektiert. Offene Fragen laden dazu ein, ausführlicher und umfangreicher zu antworten, lassen einen Dialog entstehen und eignen sich von daher besser zur Teilnehmeraktivierung in einem Tutorium. Da hier mehr Informationen gegeben werden, muss der Tutor darauf achten, dass der rote Faden nicht verloren geht. Fragen müssen im Tutorium gezielt gestellt werden und dürfen nicht zu einem ‚Verhör' werden. (Vgl. Dürrschmidt u.a., 2010, S. 107)

3.6 Feedback – professionell geben und nehmen

Feedback kann sowohl eine positive als auch eine negative Rückmeldung an eine Person sein; darüber, wie ich sie wahrnehme, welche Gefühle sie bei mir auslöst und wie sie auf mich wirkt. Feedback gibt die Möglichkeit, die eigene Wirkung auf andere kennenzulernen, darüber nachzudenken und das eigene Verhalten zu überprüfen.

Feedback wird am Ende von Arbeitssitzungen, Hospitationen, Seminaren oder Präsentationen gegeben. Aber auch in Lehr-/Lernsituationen wird es eingesetzt, z.B. dann, wenn der Tutor eine Rückmeldung zu einer mathematischen Lösung oder zu einem Wortbeitrag geben muss. Tutoren fällt es oftmals sehr schwer ein negatives Feedback zu formulieren. Hier können Feedback-Regeln helfen Unsicherheiten abzubauen.

Feedback besteht aus zwei Komponenten:

Feedback-Geben

Feedback-Nehmen

Damit Feedback nicht peinlich und verletzend wird, gilt es bestimmte Regeln einzuhalten. Denn wer kann es schon leichten Herzens ertragen, wenn an seinem Selbstbild korrigiert wird. Dabei bedeutet Feedback nicht jemanden zu verändern, sondern ihm nur Informationen zu geben.

REGELN ZUM FEEDBACK-GEBEN
Ein Feedback ist

- ✓ konstruktiv, offen und ehrlich.
- ✓ beschreibend und nicht bewertend.
- ✓ brauchbar, d.h. es wird nicht auf Unzulänglichkeiten hingewiesen, die gar nicht geändert werden können.
- ✓ situationsbezogen und konkret: Es beinhaltet keine Verallgemeinerungen oder Pauschalaussagen.
- ✓ mit *Ich Botschaften* zu formulieren *(„Auf mich hat der Vortrag … gewirkt.")*, da Wahrnehmungen subjektiv verschieden sein können.
- ✓ den Feedback-Nehmer direkt mit Blickkontakt anzusprechen.
- ✓ unmittelbar nach der Situation und mit genügend Zeit zu geben (kein zwischen Tür-und-Angel Gespräch).

✓ eine *Sandwich-Methode*, beginnend mit einer positiven Äußerung, gefolgt von einer negativen und wieder einer positiven Äußerung.

✓ Kritik sachlich äußern.

✓ ein Wunsch für die Zukunft zu äußern: *„Ich würde mir wünschen, dass Du ...!"*

REGELN ZUM FEEDBACK-NEHMEN
Der Feedback-Nehmer

✓ formuliert, wozu ein Feed-Back gewünscht ist, z.B. zu Fachinhalte, zur Körpersprache etc.

✓ lässt den Feedback-Geber ausreden und fragt dann erst nach.

✓ hört aktiv zu.

✓ rechtfertigt oder verteidigt sich nicht.

✓ bedankt sich beim Feedback-Geber zum Abschluss.

Der Feedback-Geber kann lediglich beschreiben, wie der andere auf ihn gewirkt hat. Eine Rückmeldung ist damit lediglich ein Angebot mit formulierten Wünschen ohne Zwang zur Änderung. Es sollte nicht als persönliche Maßregelung verstanden werden, sondern vielmehr als Chance für eine persönliche Weiterentwicklung. „Takt und Behutsamkeit sind gute Begleiter bei dem Bemühen, die richtige Dosierung zu finden." (Fengler, 2004, S. 17)

Feedback gibt der Person, die es erhält, die Chance etwas über den *Blinden Fleck* zu erfahren. Joe Luft und Harry Ingham haben ein Vierfeld-Schema entwickelt, das sogenannte JOHARI-Fenster. Hier werden verschiedene Bereiche von Personen und Interaktionen beschrieben.

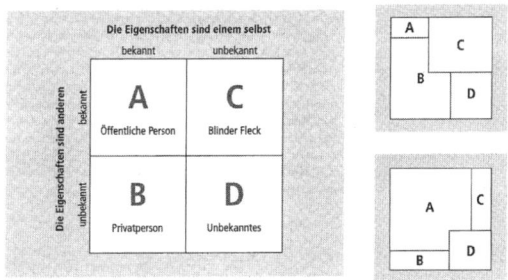

Abbildung 13: JOHARI-Fenster (Entnommen aus: Simon, 2004, S. 119f.)

Öffentliche Person (A): Der Bereich, der sowohl einem selbst als auch anderen transparent ist. Privatperson (B): Bereich des Vermeidens oder Verbergens, welcher einem selbst bekannt und bewusst ist, allerdings verborgen bleibt und nicht nach außen preisgegeben wird. Der Bereich des Blinden Flecks (C); es werden Verhaltensweisen von anderen wahrgenommen, die im Selbstbild einer Person unter Umständen gar nicht vorkommen, wie z.b. Gewohnheiten. Hier kann ein Feedback helfen, mehr über sich zu erfahren, so dass der Blinde Fleck zunehmend kleiner wird. Unbekanntes Wissen (D): Ein Bereich, der weder einem selbst noch anderen bekannt ist. Dieser umfasst mehr unbewusstes Handeln.

Quadrant B ist beispielsweise größer in einer Gruppe, die sich untereinander noch fremd ist. „Systematische Feedback-Prozesse führen dazu, dass Blinde Flecken aufhellen und größere Ausschnitte der Persönlichkeit für Menschen in der Umgebung transparent werden. Mit anderen Worten: Quadrant B und C schrumpfen, während Quadrant A größer wird." (Simon, 2004, S. 120)

Methoden-Tipp für Tutorentrainer:

Feedback-Regeln müssen geübt werden. Da es in den Tutorenschulungen zahlreiche Möglichkeiten gibt, wie z.b. beim Vortragen und Präsentieren oder bei Rollenspielen und Simulationen, können hier per Learning by Doing die Regeln immer wieder angewendet werden. Sie sollten zuvor mit der Gruppe erarbeitet werden. Der Tutorentrainer muss unbedingt auf die Einhaltung achten und den Feedback-Nehmern und -Gebern dazu Rückmeldung geben. So halten die Feedback-Geber in der Regel sehr gerne Blickkontakt mit dem Seminarleiter und nicht mit dem Feedback-Nehmer.

3.7 Strategien zum richtigen Umgang mit schwierigen Teilnehmern

In Lehr- und Lernsettings finden sich immer wieder schwierige Situationen. Da gibt es auf der einen Seite die Teilnehmer, die sich immer und immer wieder zu Wort melden und auf der anderen Seite diejenigen, die still und schüchtern da sitzen und gar kein Wort herausbringen. Oder Teilnehmer, die alles besser wissen oder Teilnehmer, die nur Fragen stellen. Sicherlich ist es für den Tutor, der ja selbst noch Studierender ist, nicht immer leicht, mit solchen schwierigen Situationen umzugehen. Soll er darauf eingehen oder besser darüber hinwegsehen? Patentrezepte als Lösung gibt es hierbei nicht. Das oberste Gebot heißt: Ruhe bewahren, sachlich bleiben und eine zielgerichtete Intervention überlegen!

Selbst wenn man viel didaktisches Geschick und Grundsätze beherrscht, gibt es immer wieder Menschen, die einem Lehrenden und damit auch einem Tutoren das Leben regelrecht schwer machen können.

Dafür ist es unerlässlich, sich bereits im Vorfeld Gedanken über die Zielgruppe und mögliche schwierige Situationen zu machen. Nur dann ist man darauf vorbereitet und nicht zu sehr überrascht. Auch wenn ein Katalog an Problemlösestrategien im Hinterkopf Sicherheit in der jeweiligen Lehrsituation gibt, muss hierbei jeder seinen eigenen Stil bzw. die passende Strategie finden. Während der eine Tutor schnell interveniert, lässt ein anderer die ‚Zügel länger schleifen‘. Wichtig ist, eine *Win-Win-Situation* anzustreben und dabei die Gesamtgruppe und das Lernziel nicht aus den Augen zu verlieren.

Schwierige Teilnehmer sind beispielsweise:

- ✓ Alleskönner
- ✓ Besserwisser
- ✓ Zuspätkommer
- ✓ Quatschmacher
- ✓ Studierende mit Sprachproblemen
- ✓ Langsame bzw. schnell denkende Tutanden
- ✓ Diejenigen, die sich nur Ergebnisse abholen wollen
- ✓ ...

Die folgenden ausgewählten Situationen sind in Tutorien denkbar und erfordern entsprechende Problemlösestrategien:

Situation Tutanden	Exemplarische Problemlösestrategien für Tutoren
... kommen zu spät oder gehen früher.	Klären, ob die Uhrzeit passend ist (z.B. Überschneidungen mit anderen Lehrveranstaltungen) und ggf. auf Spielregeln verweisen.
... neigen zu ausgiebigen Wortbeiträgen.	Redebeitragszeiten festlegen; Hinweis auf Spielregeln; unterbrechen (*„Was genau ist Ihr Punkt?"*).
... reden durcheinander und sind unruhig.	Intervenieren; auf Spielregel verweisen (*„Wir lassen einander ausreden und hören einander zu."*); Problem mit der Gruppe klären; ggf. kleine Pause machen und den Raum lüften; schweigen und abwarten; Murmelrunden; bei extremen Störungen die Betreffenden ansprechen und ggf. ein Vier-Augen-Gespräch suchen.

… wissen alles besser und sind dominant.	Kommentare an die Gruppe weitergeben; geschlossene Fragen stellen.
… schweigen bzw. schlafen.	Manche Studierende arbeiten neben dem Studium und sind von daher manchmal mundfaul oder müde. Strategien: wecken; ansprechen im Plenum (*„Sie haben einige Male nicht geantwortet, wie kann ich das verstehen? Helfen Sie mir!"*); ignorieren; mit Humor begegnen (*„Ist ganz schön leise hier; oder?!"*); Blitzlicht, d.h. jeder sagt einen Satz wie er sich gerade fühlt.
… zeigen eine ,all-inclusive Haltung' und möchten nur Ergebnisse.	Hinweis auf die Lern- und Arbeitsvereinbarungen; Appell an die Eigenverantwortlichkeit und Selbständigkeit im Studium; auf die Vorteile des aktiven Lernens hinweisen.
… sind extrinsisch motiviert, da es eine Pflichtveranstaltung ist.	Versuchen, die extrinsische Motivation in eine intrinsische umzuwandeln, z.B. Bezug herstellen zwischen Lerninhalten und höheren Semestern oder der Berufswelt; Motivation durch Humor; teilnehmeraktivierende Methoden; Einwandvorweg-nahme (*„Ich weiß, dass einige keine Lust haben, aber …!"*) – dann fortfahren mit dem Lehrstoff; an Vorkenntnisse anknüpfen; anschauliche Beispiele nennen.
… sind unmotiviert und desinteressiert.	Nicht alle Tutanden interessieren sich für alle Themen gleich; Bezug zur Lebens- und Berufswelt herstellen; Aufmerksamkeitswecker einsetzen; Nachfragen; Praxisbezug verdeutlichen; Selbstoffenbarung (*„Ich kenne solche Phasen auch ….!"*); nonverbal einladen mitzumachen durch Gestik und Mimik ☺; Beiträge wertschätzen.
… nehmen nur träge am Tutorium teil.	Gründe und Problemlösungen mit der Gruppe thematisieren; darbietende und aktivierende Methoden wechseln ab; Aufmunterung durch kleine Späße; Murmelgruppen; Warmup-Methoden gegen das Mittagstief; Ausblick auf das weitere Vorgehen geben; das Zauberwort *Klausur* erwähnen; *Statement Runde* (Jeder muss kurz einen Aspekt zum Thema nennen.).
… machen keine Hausaufgaben.	Hinweis auf die Spielregeln, Problem thematisieren; Alternativen erarbeiten; Konsequenzen aufzeigen, d.h. es geht viel Zeit für eine optimale Klausurvorbereitung verloren, da die Arbeit dann noch zusätzlich im Tutorium geleistet werden muss.

… sind mit ihrem Handy beschäftigt oder bei Facebook & Co unterwegs.	Fachbereichskultur zu diesem Thema kennen; eigene Haltung dazu im Vorfeld überdenken; Verweis auf Spielregeln; Dos and Dont's dazu mit der Gruppe entwickeln; lustig nachfragen (*„Gibt es einen Bezug zur Lehrveranstaltung?"*).
… präsentieren gleiche Gruppenergebnisse.	Gruppenarbeitsaufträge differenzieren durch unterschiedliche Aufgabenstellungen; eine Gruppe präsentiert das Gruppenergebnis, die Restlichen ergänzen nur noch; *Elevator Pitch (*„*Stellen Sie sich vor, Sie treffen im Fahrstuhl Ihren Professor und haben zwei Minuten Zeit ihn zu informieren …")*; Posterpräsentationen als Ergebnissicherung (man geht von Poster zu Poster und informiert sich); Peer-Review.
… äußern ständig Unmut mit der Situation am Fachbereich, mit Prüfungen etc.	Verständnis zeigen; Beschwerde aufgreifen; im Fachbereich klären und das Ergebnis der Gruppe mitteilen; mit dem zuständigen Professor darüber sprechen, der ggf. zur Klärung in das Tutorium kommt oder das Problem in der Vorlesung thematisiert.
… sind kompetenter als der Tutor.	Tutor muss damit rechnen, beispielsweise wenn Dual- oder berufsbegleitend-Studierende in einer Veranstaltung sind; einbeziehen; Raum geben zu einem Exkurs; den Gewinn für die anderen herausstellen.

Mit den folgenden *tierischen* Typen wird das Thema noch einmal sehr anschaulich dargestellt:

Strei-ter	Posi-tive	Alles-wisser	Red-selige	Schüch-terne	Ableh-nende	Un-interes-sierte	"Das große Tier"	Aus-frager

Abbildung 14: Konferenz-Zoo: Der Umgang mit „schwierigen" Teilnehmern (Entnommen aus: Günther/Sperber, 1995, S. 135)

<u>Streiter</u> – sucht Aufmerksamkeit
Sachlich und ruhig bleiben. Nicht provozieren lassen. Die Gruppe veranlassen, die Behauptung zu widerlegen. Ich-Botschaften. Verweis auf Spielregeln. Aufgaben zuweisen.
Nach seinen Argumenten fragen.
<u>Positive</u> – ist Stütze in einer Lehrveranstaltung
Ergebnisse zusammenfassen lassen. Bewusst in die Diskussion einschalten.
<u>Alleswisser</u> – braucht Publikum und möchte sein Wissen anbringen
Die Gruppe veranlassen, Stellung zu seinen Behauptungen zu nehmen. Rückfragen, ob die Argumente verstanden wurden. Hinweis auf Spielregeln.
<u>Redselige</u> – braucht Publikum, wartet auf *sein* Stichwort
Taktvoll und taktisch unterbrechen. Redezeit festlegen. Geschlossenen Fragen stellen. Blickkontakt verringern. Hinweis auf Spielregeln.
<u>Schüchterne</u> – möchte im Hintergrund bleiben
Leichte, direkte Fragen stellen. Sein Selbstbewusstsein stärken. Auf seine Körpersprache achten. Kleingruppenarbeit.
<u>Ablehnende</u> – ist gegen alles und nichts
Seine Kenntnisse und Erfahrungen anerkennen und zu Nutze machen. Ehrgeiz wecken.
<u>Uninteressierte</u> – benötigt eine konkrete Aufgabenstellung
Nach seiner Arbeit fragen. Beispiele aus seinem Interessensgebiet nennen lassen um Interesse zu wecken. Seine Erfahrungen einholen.
‚<u>Das große Tier</u>‘ – ist erhaben über die Gruppe
Keine direkte Kritik. ‚Ja-aber‘-Technik
<u>Ausfrager</u> – braucht Publikum
Fragen an die Gruppe geben. Einwand-Vorwegnahme. Keine zustimmenden Gesten.
(Vgl. Günther/Sperber, 1995, S. 134ff.)

Dieser Tisch ist lediglich als ein Modell zu verstehen, um die unterschiedlichen Rollen von schwierigen Teilnehmern in Gruppen darzustellen. Das tatsächliche individuelle Verhalten hängt meist von einer Gesamtsituation ab. So kann ein Tutand in einem Mathematik-Tutorium unter Umständen ein *Reh* (der Schüchterne) sein; in seinem Sportverein ist er aber als *Frosch* (der Redselige) bekannt. Lehrende haben zu beachten wie solche heterogene Runden optimal zusammenarbeiten können. (Vgl. Schumacher, 2011, S. 108ff.; Günther/Sperber, 1995, S. 134ff.)

Methoden-Tipp für Tutorentrainer:

Empfehlenswerte Methoden sind:

BRAINSTORMING – MURMELGRUPPEN* (BUZZ GROUPS) – SIMULATIONEN
Beginnend mit einem Brainstorming werden in der Gruppe Ideen zum Thema ‚Schwierige Teilnehmer' gesammelt. Hierbei sollten unbedingt die Regeln des Brainstormings eingehalten werden, d.h. es werden zunächst nur Vorschläge erfasst ohne jeglichen Kommentar. Da diese Sammlung in der Regel immer sehr umfangreich wird, empfiehlt es sich danach Murmelgruppen zu bilden, in denen die Seminarteilnehmer Problemlösestrategien im Umgang mit schwierigen Teilnehmern erarbeiten, diese visualisieren und später im Plenum vorstellen. Ergänzungen dazu gibt es jeweils von den anderen Kleingruppen. Die Flipchart-Bögen können später als Fotoprotokoll verschickt werden, sodass jeder die Ergebnisse in seiner Vorbereitung noch einmal nachlesen kann.

Zusätzlich bieten sich bei dieser Thematik Simulationen an. Dazu wird eine Tutoriumsstunde simuliert: Ein Teilnehmer spielt einen Tutor, einige Gruppenmitglieder schlüpfen in die Rolle von schwierigen Teilnehmern. Außerdem gibt es noch einige Beobachter. Eine realistische Lehrsituation in einem Tutorium wird gespielt, in der es der Tutor nicht ganz so einfach hat mit den schwierigen Teilnehmern. Nach ein paar Minuten wird das Rollenspiel unterbrochen. Der Tutor hat nun zunächst die Aufgabe zu erraten, welche schwierigen Tutanden es gab. Dann gibt er einen kurzen Bericht über seine Empfindungen während des Rollenspiels. Das Feedback der Beobachter sowie der Gruppenmitglieder folgt daraufhin (Wie hat das Verhalten in dem Rollenspiel auf die Mitspieler und Beobachter gewirkt?). Nun können aus dem Spielverlauf Schlussfolgerungen zu dem Thema gezogen und mit allen diskutiert werden.

Danach kann man mit dem neuen Wissen noch einen Versuch starten. Erstaunlich ist immer wieder, wie schnell die gespielte Situation beinahe Ernstcharakter bekommt.

Es gibt zwei verschiedene Einsatzmöglichkeiten für die Simulation. Entweder zum Einstieg in diese thematische Sequenz oder als Abschluss zur Vertiefung der Lernergebnisse. Beide Varianten sind denkbar und sollten von der Arbeitsatmosphäre in der Gruppe abhängig gemacht werden.

[*Murmelgruppen:
So wie sie sitzen, bilden die Teilnehmer Gruppen von zwei bis vier Personen mit ihren unmittelbaren Nachbarn. Diese Methode ist jederzeit ohne viel Aufwand einsetzbar als ...

✓ Einstieg in ein neues Thema

✓ Auflockerung und Aktivierung während bzw. nach einer längeren Frontalphase (Theorie-Input)

✓ Rückmeldung über vermittelte Lehrinhalte

✓ Klärungsprozess bei Fragen und Problemen

Im Gegensatz zu einer Kleingruppenarbeit können Murmelgruppen immer mal schnell improvisiert werden und sind trotzdem sehr effektiv. Diese Methode eignet sich auch für sehr große Lerngruppen! „Der Name ‚Murmelgruppen' bedeutet, dass sich alle mit gedämpfter Stimme unterhalten." (Klein, 2003, S. 131f.)]

Exkurs: Worst-Case(s)

Tutoren haben Unsicherheiten und Ängste im Hinblick auf ihre Tutorien. Reicht die Vorbereitung? Was passiert, wenn ich eine Frage nicht beantworten kann? Was ist, wenn die Technik ausfällt? Was mache ich, wenn keiner antwortet? Wie gehe ich damit um, wenn die Studierenden sich beim Professor beschweren?

Die Qualifizierungsmaßnahmen für Tutoren müssen Raum bieten um über die Ängste und Sorgen sprechen zu können. Die Beschreibungen von Worst-Case-Szenarien zeigen, dass die meisten Tutoren Unsicherheiten haben und das es kein Problem einzelner Tutoren ist. Sicherlich sind die Bedenken von Tutoren, die vor ihrem ersten Tutorium stehen andere als die von denjenigen, die bereits schon einige Tutorien gegeben haben.

Um den Tutoren Sicherheit zu geben, müssen verschiedene Problemlösestrategien in der Gruppe erarbeitet werden, die ihnen in schwierigen Situationen helfen können.

Methoden-Tipp für Tutorentrainer:

PLACEMAT (AUCH: TISCHSET)

Die Gruppe wird aufgeteilt in Vierer-Gruppen und jede Arbeitsgruppe erhält ein Placemat im DIN A3 Format (Handout).

Mit einer Methode aus dem Kooperativen Lernen wird zu dem Thema ,Worst-Case(s)' wie folgt gearbeitet:

ERSTER SCHRITT – DENKEN (THINK):

„Notieren Sie bitte alle zeitgleich Ihre Worst-Case-Situationen in Ihr zugewiesenes freies Feld."

ZWEITER SCHRITT – AUSTAUSCH (PAIR):

„Tauschen Sie Ihre individuellen Probleme aus und suchen nach Problemlösungen in der Kleingruppe. Notieren Sie Ihre Gruppenergebnisse oder offene Fragen im Mittelfeld des Placemat."

DRITTER SCHRITT – VORSTELLEN (SHARE):

„Ausgewählte Ergebnisse oder Fragestellungen werden im Plenum präsentiert und diskutiert."

Die Methode eignet sich gut dafür, Erfahrungen zu sammeln und gemeinsam Lösungen zu entwickeln. Sie aktiviert alle Teilnehmer, ist schnell vorbereitet und angewendet.

Mit der Präsentation im Plenum kann Zeit eingespart werden, indem nur die wichtigsten Ergebnisse oder Fragen diskutiert werden. Wiederholungen werden so vermieden. (Vgl. Brüning/Saum, 2009, S. 25f.)

3.8 Gegen das Suppenkoma – Warming-up-Methoden

Warming-up Methoden bringen den Lernprozess wieder in Schwung. Das sogenannte *Suppenkoma* nach dem Mittagessen, lange Vorträge, ewige inhaltliche Diskussionen oder Wiederholungen, Unsicherheiten in der Anfangssituation – das alles kann dazu führen, dass die Konzentration nachlässt, die Anzahl der Wortbeiträge weniger wird, Seitengespräche geführt werden oder die Teilnehmer sich anderweitig ablenken.

In diesen Phasen unterstützen Warming-up Methoden den Lernprozess und damit indirekt auch den Lernerfolg, obwohl sie eigentlich nichts mit den fachlichen Inhalten zu tun haben. „Vielmehr ‚wärmen' sie zum eigentlichen Lernen auf, indem sie die Basis, die zum Lernen notwendig ist, fördern: Konzentration, Engagement, Spaß und Offenheit für Neues." (König, 2004, S. 7)

Diese Methoden haben Unterhaltungswert und bieten Abwechslung. Während sie in einer Anfangssituation als *Eisbrecher* zur Auflockerung eingesetzt werden können, fördern sie während eines Seminars die Konzentration oder sind eine willkommene Abwechslung im Ablauf, um anschließend erneut wieder produktiv zu arbeiten.

Dabei ist allerdings das Setting zu beachten, denn nicht jede Methode eignet sich für jedes Lehrformat. Warming-ups müssen klar anmoderiert werden und es bleibt dem Seminarleiter überlassen, diese Methode alleine stehen zu lassen oder im Anschluss an die Durchführung noch einmal zu reflektieren.

In Tutorenschulungen, die als Blockveranstaltungen durchgeführt werden, bietet es sich geradezu an, sie – wohl dosiert – in den Tag zu integrieren. Tutoren macht es Spaß daran teilzunehmen, selbst wenn sie diese nur bedingt in ihren Tutorien einsetzen. Erstsemestertutoren können sie in den Einführungsveranstaltungen sehr gut nutzen für ein besseres Kennenlernen der Studienanfänger untereinander. Fachtutoren stehen immer in dem Spannungsfeld Stofffülle vs. Zeitknappheit, da die Fachtutorien in der Regel nur 90 Minuten stattfinden.

Die folgenden zwei Warm-up Übungen dauern jeweils nur drei Minuten und können optimal in einem Fachtutorium eingesetzt werden:

Tomaten auf den Augen
Folgende Aufschrift in der Gruppe visualisieren:

> FINISHED FILES ARE THE RESULT
> OF YEARS OF SCIENTIFIC STUDY
> COMBINED WITH THE
> EXPERIENCE OF YEARS

Die Tutanden sollen nun alle *F* finden, die in diesem Text enthalten sind. Sieger ist, wer als Erster richtig antwortet. Häufig lautet die Antwort: *„Drei."* – was aber falsch ist. Es sind sechs *F*. Oftmals werden die *F*'s bei den *OF* übersehen, möglicherweise durch die Art der Visualisierung.

Neben dem Spaßfaktor ist hier auch die Erkenntnis wichtig, dass Informationen nicht zu schnell verarbeitet werden sollten, da manchmal Wesentliches versteckt sein kann. (Vgl. Weidemann, 2008, S. 77)

,Falsche' Rechnung
Folgende einfache Gleichungen werden für die Gruppe visualisiert, wobei die letzte falsch ist.

$$22 \times 8 = 176$$
$$945 - 613 = 332$$
$$156 : 12 = 13$$
$$458 + 266 = 734$$

Der Tutor fragt nun seine Tutanden: *„Fällt Euch etwas auf?"* Meist beginnen die Studierenden daraufhin zu rechnen und sagen nach kurzer Zeit: *„Eine Rechnung ist falsch!"* Die Zustimmung der anderen folgt. Der Tutor gibt zur Antwort: *„Mir fällt auf, dass drei richtig sind."* In der Regel folgt ein Aha-Effekt, der zum Nachdenken anregt. Jeder kennt die Geschichte vom Glas, das der eine als halb voll, der andere als halb leer ansieht. Die Version mit den Gleichungen zielt auf das Gleiche ab und ist beispielsweise gut geeignet als Zünder zwischendurch in einem Tutorium kurz vor der Klausurphase einzusetzen, in der viele immer nur das Negative sehen und damit zum Umdenken motiviert werden können. (Vgl. http://www.unibw.de/lehrplus/)

Methoden-Tipp für Tutorentrainer:

KOLLEGENSITZKREIS

Dieses Warming-up eignet sich sowohl für kleine Gruppen als auch für Groß-gruppen. Alle Teilnehmer stellen sich im Kreis auf, Schulter an Schulter, mit dem Gesicht zur Mitte und drehen sich dann nach rechts um, sodass jeder den Rücken des Kollegen vor sich hat. Der Abstand zwischen den Teilneh-mern darf nicht größer als eine Schuhlänge sein. Auf ein Kommando setzen sich jetzt alle gleichzeitig auf die Knie des dahinter stehenden Studenten. Man kann nun den Vordermann 30 Sekunden lang loben oder sich auch im 'Gänsemarsch' ein paar Schrittchen im Kreis fortbewegen.

Es macht Spaß, fördert die Zusammengehörigkeit und den Teamgeist. (Vgl. König, 2004, S. 27ff.)

KISSENJAGD

Die Gruppe steht im Kreis und zählt auf zwei ab, damit zwei Mannschaften entstehen, die gegeneinander spielen. In jeder Mannschaft erhält ein Mit-spieler ein Kissen und zwar zwei sich gegenüber stehende Personen. Die Kissen müssen nun im Uhrzeigersinn von der jeweiligen Mannschaft weiter-gegeben werden. Die Kissen dürfen nicht geworfen werden, es darf keiner übergangen werden und die gegnerische Mannschaft darf nicht behindern. Wenn ein Kissen das andere überholt hat, dann hat diese Mannschaft ge-wonnen. Spaß garantiert!

Material: 2 Kissen

STÜHLEKIPPEN

Alle Teilnehmer stellen ihre Stühle in den Kreis mit der Sitzfläche nach innen und mit ca. 80 cm Abstand zu den beiden nächsten Stühlen. Jeder stellt sich dann hinter seinen Stuhl, kippt ihn nach hinten auf sich zu, sodass er auf den hinteren Beinen in der Schwebe ausbalanciert wird und hält ihn mit einer Hand fest. Die andere Hand bleibt während der gesamten Übung auf dem Rücken (und greift nicht zu!). Alle Teilnehmer müssen nun den Stuhlkreis umrunden, ihren Stuhl loslassen und schnell die Lehne des nächsten Stuhls greifen. Die Stühle dürfen bei der Umrundung weder stürzen noch mit allen vier Beinen wieder auf dem Boden stehen. Die Aufgabe ist erfüllt, wenn jeder wieder an seinem Ursprungsplatz steht. Der Schwierigkeitsgrad wächst mit zunehmendem Abstand der Stühle zueinander.

Mit Spaß fördert diese Übung auch die Koordination und Kooperation. (Vgl. Dürrschmidt, 2005, S. 297f.)

SÄTZE VERVOLLSTÄNDIGEN

Vom Seminarleiter werden Satzanfänge vorgelesen, die reihum von den Teil-nehmern spontan vervollständigt werden müssen oder zu einer zusammen-hängenden Geschichte weiter entwickelt werden.

IN DER UNIVERSITÄT

Als ich heute Morgen die Hochschule betrat, dachte ich ...
In der Cafeteria fiel mir sofort auf ...
Es war mir klar, dass ...
Ich betrat dann den Seminarraum ...
An der Tafel stand ...

Als ich meine Tasche öffnete sah ich …
Es war neu für mich als Tutor …
Die Tutanden sahen mich an …
Plötzlich erinnerte ich mich …
Obwohl ich zur Zeit …
Es war erfreulich …
Weniger angenehm war …
Im Tutorium herrschte eine Atmosphäre …
Nach dem Tutorium …
(Vgl. Behme, 1992, S. 103ff.)

3.9 Diskussionen erfolgreich moderieren

In Tutorien ergeben sich immer wieder kleine Diskussionen oder Gesprächsrunden, die entweder als Teilnehmeraktivierung methodisch-didaktisch im Ablauf integriert werden oder im Anschluss an einen inhaltlichen Input zur Klärung von Fragen dienen. Damit sind es zwar keine Diskussionen und Moderationen im eigentlichen Sinne, doch auch hier gilt es, als Tutor ganz bestimmte Regeln bei der Gesprächsführung zu beachten:

- ✓ Am Ende eines Inputs zur Aussprache überleiten.
- ✓ Teilnehmer einladen Fragen zu stellen; wenn auch nicht sofort eine Frage verbalisiert wird, geduldig eine Weile abwarten, denn Teilnehmer benötigen erst einmal eine kleine Bedenkpause um Fragen zu formulieren. Oftmals hilft es an vorhandenes Wissen anzuknüpfen.
- ✓ Der Tutor stellt selbst die Eröffnungsfrage oder fragt zunächst nach den Erfahrungen in der Gruppe.
- ✓ Ein *Eisbrecher* im Publikum, d.h. ein Bekannter erhält im Vorfeld die Regieanweisung eine erste Frage zu stellen, damit die andern zum Fragen ermuntert werden.
- ✓ Jemanden direkt ansprechen, was allerdings nur möglich ist, wenn die Gruppe vertraut miteinander ist. Es soll mit dieser Vorgehensweise keiner bloß gestellt werden.
- ✓ Die erste Frage extra falsch verstehen, um die Diskussion durch den Widerspruch in Gang zu bringen.
- ✓ Eine Pro- und Contra-Frage und/oder provozierende Fragen an die Zuhörer richten.

- ✓ Gezielt weitere (offene) Fragen zu inhaltlichen Themen stellen, die vorher besprochen wurden, denn Fragen sind der Motor einer jeden Diskussion.
- ✓ Aktiv zuhören.
- ✓ Die Tutanden ausreden lassen.
- ✓ Vielredner unterbrechen mit der Bitte, sich auf das Wesentliche zu konzentrieren.
- ✓ Bei Unklarheiten nachfragen und bei Unvollständigkeiten Vertiefungsfragen stellen.
- ✓ Mit Einwänden ruhig und gelassen umgehen um Zeit zu gewinnen. Den Einwand in Frageform wiederholen bzw. eine Gegenfrage stellen *(„Was verstehen Sie darunter?")*.
- ✓ Auf ggf. vereinbarte Diskussionsregeln und das Diskussionsziel hinweisen.
- ✓ Zum Thema zurückführen, sofern abgewichen wird oder neue *Schauplätze* eröffnet werden.
- ✓ Rednerliste mit der Reihenfolge der Wortmeldungen führen. Wer ohne Meldung das Wort ergreift, muss unterbrochen werden.
- ✓ Wortmeldungen erteilen.
- ✓ Zeit im Blick behalten.
- ✓ Diskussionen zwischendurch zusammenfassen, Ergebnisse evtl. zur Vermeidung von Wiederholungen visualisieren.
- ✓ Einen guten Beitrag nutzen um die Diskussion zu beenden.
- ✓ Fazit ziehen, kurze Schlussstatements von allen einfordern, offen gebliebene Fragen herausstellen.
- ✓ Verabschiedung und der Dank an alle.
  (Vgl. Schilling, 2004, S. 39ff.)

Diskussionsleiter leiten und lenken eine Diskussion, können eine eigene Meinung zum Thema haben, geben jedoch keine wertenden Kommentare ab. „Ihre Aufgabe ist in erster Linie die der Moderation. Was bedeutet dabei moderieren? *Moderare* kommt aus dem Lateinischen und heißt besänftigen. Niemand verlangt, daß Sie sanft werden, aber Sie müssen energisch dafür sorgen, daß Argumente ausgetauscht werden und die Diskussionsteilnehmer sich nicht gegenseitig unsachlich attackieren." (Lerche, 1995, S. 90)

Moderation im weiteren Sinne meint auch das Leiten von Arbeits- oder Projektgruppen mithilfe der Moderationsmethode zur Meinungsbildung und Entscheidungsfindung. Eine systematische Vorgehensweise und Visualisierung führt zu einem kooperativen Ergebnis. Zuruf-, Karten- sowie die Ein- und Mehrpunktabfragen sind hier typische Sequenzen. Die Einstimmung in ein Thema erfolgt durch die Zurufabfrage, gefolgt durch eine Kartenabfrage zur Vertiefung sowie der Punktabfrage für eine Prioritätensetzung.

Methoden-Tipp für Tutorentrainer:

Diskussionen aus dem Fernsehen können analysiert und reflektiert werden. Professionelle Diskussionsleitung wird am wirkungsvollsten in Simulationen trainiert, beispielsweise durch ‚Pro und Contra-Diskussionen'. Ein Feedback schließt sich an.

4. Selbstbewusst reden vor Gruppen

Oftmals eignen sich Dozenten und Tutoren einen eigenen Vortragsstil an, der nicht immer professionell wirkt und das Zuhören und Mitschreiben mitunter erschwert. Exemplarisch können hier genannt werden:

- ✓ *Der Langweiler* redet gerne leidenschaftslos, langatmig, betonungsarm und macht schläfrig.
- ✓ *Der Nuschelfritze* nuschelt vor sich hin und in sich hinein. Er versteht meist nicht, dass man ihn nicht versteht, was natürlich unzufrieden macht.
- ✓ *Der Äh-Äh-Typ* fügt ... äh ... nach jedem zweiten Wort ein äh oder ein anderes Füllwort ein, was zum Mitzählen motiviert.
- ✓ Der *Schnellredner*, der gerne ohne Pause spricht.
- ✓ *Der Rote-Faden-Verlierer*, der mit seinen Gedanken hin und her springt und nie zum Ausgangspunkt zurückkehrt.
  (Vgl. Burchardt, 2000, S. 41f.)

Damit Tutoren selbstsicher vor Gruppen reden können, müssen sie rhetorische Kompetenzen erwerben. Sicherlich ist nicht bei allen Tutoren zu Beginn das Selbstbewusstsein vorhanden frei und professionell vor Gruppen zu sprechen. Das bedeutet keinen Weltuntergang, werden doch in den Tutorenschulungen viele praktische Übungen eingesetzt, damit Tutoren sich hier gezielt weiter entwickeln und ihre Kompetenzen ausbauen können. Es ist ja bekanntlich noch kein Meister vom Himmel gefallen und Rhetorik, also die Kunst des Redens lernt man am besten durch üben, üben, üben. Die Schulungsleiter unterstützen Tutoren bei dieser Ausbildung durch Training und gezieltes Video-Feedback. In der Regel genügt es, zu Beginn zuerst einmal nur auf einen festen Stand, eine offene Körperhaltung und Blickkontakt zu achten. Nach und nach können dann die weiteren nonverbalen und verbalen Signale optimiert werden. Dabei ist es wichtig, der eigenen Persönlichkeit treu zu bleiben und authentisch zu wirken! Zuhörer merken sehr schnell, wenn Verhaltensweisen nur antrainiert und aufgesetzt sind. Redner und damit auch Tutoren werden dann nicht mehr ganz so ernst genommen.

Ein gut aufeinander abgestimmtes Zusammenspiel von Sprechausdruck, Körpersprache, Formulierung sowie Inhalt und Form eines Vortrags unterstützen sich idealerweise und garantieren eine kompetente und überzeugende Wirkung.

4.1 Körpersprache, Sprechtechnik & Co.

„Das Gehirn ist ein Organ, das mit der Geburt zu arbeiten beginnt und damit erst aufhört, wenn man aufsteht, um eine Rede zu halten." (Mark Twain)

Als Tutor muss man vor Gruppen sprechen. Reden an sich ist keine Kunst. Die Kunst besteht vielmehr darin, selbstsicher vor größeren Gruppen zu reden und die Studierenden zum Zuhören und zur aktiven Teilnahme zu motivieren. Wie vor Zuhörer geredet wird, hat entscheidenden Einfluss auf eine Redesituation, vor allem die verbalen und nonverbalen Signale, die ausgesendet werden.

„[...] die positive Einstellung zum Redner oder Gesprächspartner [hängt] zu 55% vom Gesichtsausdruck (Mimik), zu 38% von der Stimme, zu 7% vom Inhalt, also dem Verbalen [ab]." (Lerche, 1995, S. 58)

Auf die Körpersprache kommt es an

Kommt der Tutor in den Seminarraum, wird er von den Studierenden wahrgenommen und hinterlässt einen Eindruck, ohne überhaupt einen Satz gesagt zu haben. Keiner kann ohne seinen Körper sprechen und von daher ist es von zentraler Bedeutung, dass Tutoren sich mit der Art und Weise, wie etwas gesagt wird, auseinandersetzen.

KÖRPERHALTUNG
Die Körperhaltung ist offen und dem Publikum zugewandt, was ein Ausdruck von Selbstbewusstsein ist. Die Füße stehen schulterbreit nebeneinander und die Fersen im 45°-Winkel. Das Gewicht verteilt sich gleichmäßig auf beide Beine. Diese Grundposition gilt als sicherer Stand und vermittelt Festigkeit. Während des Redens am besten frei stehen, denn ein Tisch bzw. (Redner)pult bildet eher eine Barriere. Der Tutor sollte zwar nicht während des gesamten Tutoriums so wie in Stein gemeißelt stehen bleiben, aber auch keinen *Wander-*

tag einlegen, was eine immens schlechte Wirkung auf die Zuhörer hat. Ein möglichst großer Abstand zum Publikum gewährleistet alle Teilnehmer im Blick zu halten, selbst diejenigen, die in einem toten Winkel sitzen. Eine aufrechte und ruhige Körperhaltung gilt sowohl für das Vortragen im Stehen als auch im Sitzen (beispielsweise in kleinen Gruppen).

BLICKKONTAKT
Ein guter Blickkontakt schafft eine Verbindung zwischen Redner und Zuhörer. Er geht weder zur Decke noch zum Boden oder nur auf das Manuskript, sondern er ist zur Gruppe gerichtet.

Blickkontakt halten, heißt nicht jemanden anzustarren. Die Blicke vielmehr in der Gruppe schweifen lassen, sodass sich jeder mal angesprochen fühlt. Blickkontakt dokumentiert Selbstsicherheit und hilft, das Geschehen in der Gruppe zu beobachten und zu erkennen, ob das Gesagte von der Zuhörerschaft angenommen wird.

GESTIK ODER DIE FRAGE: WOHIN MIT DEN HÄNDEN?
Mit Gestik sind alle Ausdrucksbewegungen der Arme, Hände und Finger gemeint. Sie kommt normalerweise ein Bruchteil vor der eigentlichen Aussage und unterstreicht das gesprochene Wort. Gestik sollte spontan, von innen heraus kommen und natürlich wirken. Sie muss von daher nicht überlegt werden und bedarf keiner Regieanweisung auf dem Stichwortzettel. Die Gebärden müssen wohldosiert zur Persönlichkeit und zum Thema passen. Introvertierte Menschen gestikulieren weniger als Extrovertierte; auch lassen sich kulturelle Unterschiede feststellen, so gestikulieren Südländer oftmals intensiver und ausladender.

Eine Gestik kommt aus dem Oberarm und wird möglichst beidseitig ausgeführt. Werden die Hände in der Hosentasche oder auf dem Rücken versteckt, so stören sie zwar nicht, können aber auch nicht unterstützend eingesetzt werden. Auch das Festhalten an einem Stift oder einem Ring wirkt eher verkrampft oder führt zu Bewegungen, die nicht unbedingt zu dem Gesagten passen und den Zuhörer nur verunsichern. Eine offene Körperhaltung und der natürliche Einsatz von Gestik fördern zudem noch ein flüssiges Formulieren.

Für die Wirkung der Gestik ist entscheidend, in welcher Höhe sich die Arme sowie Hände befinden. Alle Gesten, die sich unterhalb der Gürtellinie abspielen, werden als negative Aussagen gewertet; Gesten in Höhe der Gürtellinie werden als neutral und oberhalb als positiv gewertet. So ist der neutrale Bereich die optimale Ausgangs-position für Arme und Hände, da von hier aus wirkungsvolle Gesten am besten umgesetzt werden können. Die Hände sollten in dieser Höhe locker, unverkrampft und offen ineinander gelegt werden. Bleiben die Arme im negativen Bereich hängen, so ist der Weg, Gesagtes im positiven Bereich mit Gesten zu untermalen, im wahrsten Sinne zu weit, sodass Gestik erst gar nicht eingesetzt wird.

Mimik

Mit Mimik sind alle Ausdrucksbewegungen des Gesichts gemeint. Es heißt: Ein Lächeln ☺ zu Beginn einer Rede wirkt positiv auf die Zuhörer. Die Mimik sollte zwar in der Regel freundlich sein, muss aber auch dem Redeanlass entsprechend sein. Berichtet der Tutor von schlechten Klausurergebnissen, sollte das nicht mit einem lachenden Gesicht geschehen, da die Tutanden dann irritiert sind und nicht so wirklich wissen, wie diese Aussage zu verstehen ist.

Kleidung, äussere Erscheinung

Das äußere Erscheinungsbild sollte gepflegt, dem eigenen Typ und dem Anlass entsprechend sein. Die Kleidung sollte während des Vortragens nicht zum Problem werden. Es gilt hier den Aspekt des Wohlfühlens zu beachten. Fühlt man sich beispielsweise in einem engen Rock oder mit einer Krawatte nicht wohl, ist man während der Vortragssituation immer mehr mit seiner Kleidung beschäftigt, somit abgelenkt und kann sich schlechter auf die Vermittlung der Inhalte konzentrieren. Die Mode bietet hier vielfältige Alternativmöglichkeiten, die in Betracht gezogen werden können.

Der Ton macht die Musik

Durch eine gezielte Sprechtechnik wirkt ein Vortrag lebendiger, verständlicher und erhält das Interesse der Zuhörer. Auch mit dem Sprechausdruck kann die Bedeutung der Worte unterstützt werden, natürlich immer im Hinblick auf den inhaltlichen Gesamtzusammenhang. Lebendiges Sprechen ist eine Variation von Lautstärke, Betonung, Tempo, Pausen und Melodie - je nach gewolltem Sinn. Ist ein Sprechausdruck gleichförmig, wirkt eine Rede schnell monoton. Die Konsequenz: Keiner hat mehr Lust zuzuhören.

Von daher einige Praxistipps für ein anregendes Sprechen im Tutorium:

- ✓ Sprechpausen ein- und aushalten und nicht mit äh, öh, *mmh*... füllen. Treten solche Füllwörter häufiger auf, neigen die Studierenden dazu *Vorlesungsbingo* zu spielen, d.h. sie protokollieren die Füllwörter in einer Strichliste und folgen damit weniger den Inhalten, wissen aber zum Ende des Tutoriums die genaue Anzahl der Füllwörter.
  Sprechpausen haben viele Vorteile und bieten Zeit zum Nachdenken, Atmen, Beobachten und Betonen. Außerdem erhöhen sie die Wirkung des Gesagten, sind eine Verschnaufpausen für Teilnehmer und Tutor, der dann auch die Möglichkeit hat, einen Blick auf seine Notizen zu werfen.
- ✓ Deutlich artikulieren. Der Tutor muss von allen verstanden werden; nuscheln oder Endsilben verschlucken ist dabei nicht gerade förderlich. Ein Dialekt sollte vermieden werden; regionale sprachliche Einfärbungen wirken dagegen charmant und natürlich. Von Bedeutung ist, dass die Zuhörer nicht von der Aussprache abgelenkt werden.
- ✓ Je offizieller eine Präsentation, desto weniger sollte eine Umgangssprache genutzt werden.
- ✓ Die Lautstärke (lautes & leises Sprechen) sollte der Gruppe und dem Raum angepasst sein. Leise reden oder kurze Pausen mit Blickkontakt bindet die Aufmerksamkeit der Zuhörer. Tutoren, die von Natur aus eher leiser sprechen, können in großen Räumen ein Mikrofon zur Unterstützung nehmen.
- ✓ Wichtige Gedanken sollten entweder deutlich betont oder langsamer gesprochen werden. Nebensächliches kann daneben etwas schneller gesagt werden.
- ✓ Das Sprechtempo (schnelles & langsames Sprechen) sollte ebenfalls angemessen sein und darf gerne auch mal variieren. Zu schnelles Sprechen wirkt oftmals unsicher und erweckt den Eindruck, dass man die Rede rasch hinter sich bringen möchte. Viele schalten gedanklich ab, wenn zu schnell gesprochen wird.
- ✓ Am Ende eines Satzes geht die Stimme nach unten. Nur bei Fragen geht es am Ende stimmlich nach oben. Wird diese Regel nicht beachtet, werden Zuhörer schnell durcheinandergebracht, da der Sprechausdruck nicht mehr mit dem Inhalt übereinstimmend ist.
- ✓ Kurze Sätze formulieren, denn lange Sätze laden nicht zum Zuhören ein.
- ✓ Mit Betonungen sprechen (Sprechdynamik) um Sinnzusammenhänge zu verdeutlichen.

Ein Beispiel: *„Ich werde meine Rede gerne halten."*
In diesem Satz kann jedes Wort betont werden. Damit erhält der Satz jeweils eine andere Bedeutung. Wird das Wort *Ich* betont, dann bin ich es, die die Rede hält und kein anderer. Wird das Wort *meine* betont, handelt es sich um meine eigene Rede. Wird das Wort *gerne* betont, so wird damit deutlich, dass ich Freude an dieser Rede habe etc.

Darüber hinaus sollte zuhörerfreundlich und in verständlichen Worten gesprochen werden. Fachbegriffe müssen ggf. erklärt werden. Es sollten zudem keine Weichmacher benutzt werden, wie z.B. *vielleicht, eigentlich, könnte, würde*, da sie die Wirkung aus der Rede nehmen.

Kleines Rezept zur Behandlung von ‚mmh's' – ‚ääh's' oder anderen Füllwörtern

Beispiel ‘mmh':
Mein persönliches Ziel: ‚Ich halte in Zukunft eine Sprechpause aus und fülle sie nicht mehr mit mmh's! '

Phase I: Es fällt mir nach dem Gesagten auf.

Phase II: Es fällt mir mit dem Gesagten auf.

Phase III: Ich halte mich zurück, bevor ich es sage.

Für eine erfolgreiche Umsetzung braucht es Zeit. Von daher zur Unterstützung der Selbstmotivation ein Erfolgstagebuch anlegen, in dem die einzelnen Erfolgsschritte schriftlich dokumentiert werden.

Der rote Faden beim Reden

Redebeiträge verlangen eine klare Struktur. Sie lassen sich gut vergleichen mit einem Hamburger, bei dem es auch unterschiedliche Schichten (Brötchen, Salat, Gurke, Beef) gibt, die einerseits klar voneinander getrennt sind; andererseits aufeinander aufbauen und durch Sauce zusätzlich miteinander verbunden sind.

DER ANFANG VOR DEM ANFANG

✓ Die *Präsentationsbühne* vorbereiten mit Medien und Unterlagen.
✓ In Ruhe nach vorne zum Startplatz gehen.
✓ In Gedanken zählen: *‚Ein–und-zwanzig, Zwei-und-zwanzig; Drei-und-zwanzig'.*
✓ Einen sicheren Stand einnehmen.

✓ Blickkontakt aufnehmen und lächeln.
✓ Die Gedanken sammeln; dann deutlich und selbstbewusst beginnen.

ERÖFFNUNG
Einleitung (ca. 15% der Zeit)

✓ Ein präzise gestalteter Beginn!
✓ Begrüßung der Teilnehmer.
✓ Vorstellung der eigenen Person.
✓ Das Thema, den Anlass und das Ziel (Was soll erreicht werden?) der Präsentation benennen.
✓ Eine organisatorische und inhaltliche Orientierung geben.
✓ Eine kurze Hinführung zum Thema, die Interesse und Aufmerksamkeit beim Zuhörer wecken soll. Die Zuhörer sollen da abgeholt werden, wo sie stehen. Nur so fühlen sie sich angesprochen und einbezogen.

OHRÖFFNER

Mit einem ungewöhnlichen Einstieg lassen sich die Zuhörer überraschen und die Neugierde wird geweckt. Er sollte kurz, prägnant und passend zum Thema sein.

Mögliche Beispiele für solch einen Einstieg: Etwas Historisches, ein persönliches Erlebnis, eine Provokation, ein Zitat, ein aktuelles Ereignis, ein Witz oder eine rhetorische Frage.

HAUPTTEIL (CA. 75% DER ZEIT)

✓ Die Inhalte auswählen, die zum Ziel des Vortrags passen. Das Thema sollte auf den Punkt gebracht werden. Kerngedanken werden präzise und strukturiert dargestellt sowie auf das Wesentliche konzentriert. Der bekannte rote Faden muss ersichtlich werden.
✓ Eine Zielgruppenanalyse (Zusammensetzung der Zuhörer, Interesse, Besonderheiten) im Vorfeld kann helfen, den Vortrag zuhörergerecht zu formulieren.
✓ Die Anschaulichkeit kann durch Beispiele, Praxisbezug und einen gezielten Medieneinsatz erhöht werden.
✓ Der vorgegebene Zeitrahmen muss berücksichtigt werden, d.h. die Inhalte müssen der Zeit angepasst werden. Außerdem sollten Zeitfresser mit eingeplant werden, wie z.B. Zwischenfragen.

SCHLUSS (CA. 10% DER ZEIT)

✓ Eine Zusammenfassung, Schlussfolgerung oder ein Appell bilden den Schluss eines Vortrags. Man kann auch noch einmal auf den Anfang zurückkommen, um den Bogen zu schließen. Im Tutorium bietet sich zudem die Ankündigung einer Fortsetzung an: *„In der nächsten Tutoriumsstunde behandeln wir dann..."*
✓ Den Schluss kann man ankündigen, um die Aufmerksamkeit der Zuhörer erneut zu bündeln. Allerdings muss dieses Versprechen dann auch eingehalten werden.
✓ Ein Dank am Ende rundet einen guten Vortrag ab.

GGF. DISKUSSION

Eine Diskussion kann sich am Ende des Vortrags oder der Präsentation anschließen.

Der Universal-Tipp: Übung macht den Meister!!!
(Vgl. Schilling, 2004, S. 30ff.)

Zu viel inhaltlicher Stoff ermüdet die Zuhörer und keiner liebt lange umständliche Reden. Sicherlich kann man über alles reden, nur nicht länger als 20, 30 oder 45 Minuten. Von daher hier ein Akronym als Merkposten:

KISS – Was so viel bedeutet wie „**K**eep **i**t **s**hort & **s**imple".

Ein Stichwortzettel ist ein wichtiges Hilfsmittel beim Reden und sollte wie folgt angelegt werden:

✓ DIN A5 oder DIN A6 Format – das ist handlicher als ein DIN A4 Format und wirkt professioneller.
✓ Karteikarten sind geeigneter, da Papier zu schnell knickt.
✓ Die einzelnen Karten sollten nur einseitig beschriftet werden. Sind sie beidseitig beschriftet, versuchen die Zuhörer in der ersten Reihe den Text zu lesen und sind damit abgelenkt.
✓ Eine Nummerierung der Stichwortkarten ist empfehlenswert. Geraten sie durcheinander, lassen sie sich schnell neu sortieren.
✓ Es werden nur Schlagworte oder Kernaussagen notiert und diese groß genug, damit sie noch gelesen werden können.
✓ Persönliche Regieanweisungen, z.B. Folienwechsel, Pause, Zwischenfragen etc. können integriert werden.
✓ Am besten mit Farben und Symbolen arbeiten. Diese unbedingt einheitlich verwenden, um eine persönliche Verwirrung während des Vortrags zu vermeiden.

✓ Neue Gedanken bzw. gedankliche Meilensteine gehören auf eine neue Stichwortkarte.

✓ Als kleine Hilfe kann der erste und letzte Satz ausformuliert werden. Das gibt zusätzlich Sicherheit, unter dem Motto: *Der erste Eindruck ist entscheidet und der letzte Eindruck bleibt haften.*

Und wenn dann trotzdem einmal der Faden verloren geht?

Kein Problem! Das kann jedem passieren, trotz noch so guter Vorbereitung. Gezielte Strategien helfen, damit professionell umzugehen. Ansonsten gilt auch hier die Devise: *Mut zur Lücke!*

Methoden-Tipp für Tutorentrainer:

Es sollte in den Tutorenschulungen nicht nur theoretisch über Rhetorik gesprochen werden, sondern sie sollte aktiv mit den Tutoren geübt werden. Dazu bieten sich zunächst kleinere Übungen an, um für verbale und nonverbale Verhaltensweisen zu sensibilisieren. Ein Vortrag mit Einsatz der Video-Kamera sollte als Abschlussübung zu diesem Thema auf jeden Fall integriert werden.

SÄTZE ZUM EINSATZ VON GESTIK UND MIMIK

In Paararbeit lesen sich die Tutoren gegenseitig Sätze vor und setzen dazu die entsprechende Gestik und Mimik ein. Diese Sätze können als Handout ausgegeben werden.

Kommt alle mit.
Dieser Mann ist unser Ass.
Ich hoffe, Sie können mir zustimmen.
Haben Sie sich das auch schon einmal gefragt?
Beide Argumente wiegen gleich viel.
Ich weiß das auch nicht.
Ja, ich habe davon auch schon gehört.
Nein, nein, das kann so nicht sein.
Diese Frau kommt an.
Kinder können anstrengend sein.
Kinder können viel Freude bringen.
Glauben Sie mir?
Leider ist das eine Spirale, die sich nach unten bewegt.
Das hält sich in der Waage.
Diese Dinge liegen auf der Hand.
Ich lade Sie alle ein.

Im Anschluss werden die Sätze besprochen, bei denen die Tutoren Schwierigkeiten beim Einsatz von Gestik und Mimik hatten.

MIT UND OHNE GESTIK BZW. MIMIK SPRECHEN

Immer zwei Tutoren erzählen sich gegenseitig eine kurze Geschichte, berichten über ein Hobby, beschreiben ein Rezept oder erklären eine Wegbeschreibung – zunächst einmal ohne Einsatz von Gestik und Mimik und dann noch einmal mit Einsatz von Gestik und Mimik.

Im Plenum werden dann die unterschiedlichen Erfahrungen ausgetauscht. Mit Einsatz von Gestik und Mimik macht es beispielsweise mehr Spaß zu zuhören, das Gesagte wird anschaulicher, es wird automatisch lebendiger gesprochen und es fallen einem auch schneller die passenden Worte ein.

AUSDRUCKS-ROLLENSPIEL – DER TON MACHT DIE MUSIK

Ein bekannter Text ('Hänschen klein' oder 'Alle meine Entchen') wird mit verschiedenen Rollen vorgetragen, z.b. als Sportreporter, Pfarrer, Marktschreier, Autoverkäufer, Offizier, Klatschtante, Wahlkampfredner, Nachrichtensprecher usw.

Die jeweiligen Rollen werden auf Kärtchen geschrieben und von den Teilnehmern dann verdeckt gezogen. Die Gruppe soll raten, was jeweils dargestellt wurde.

Die Übung macht Spaß und zeigt, dass der inhaltliche Aspekt hinter den Sprechausdruck zurückgetreten ist.

ZUNGENBRECHER – SCHNELLSPRECHWETTBEWERB

Fünf Zungenbrecher werden aufgelistet und müssen schnell und fehlerfrei gesprochen werden. Mit der Stoppuhr werden die Sekunden gestoppt; pro Fehler gibt es eine Strafsekunde. Wer ist Bester?

Beispiele:

- ✓ Fischers Fritze fischt frische Fische; frische Fische fischt Fischers Fritze.

- ✓ In Bad Cannstatt tanzt Immanuel Kant mit dem Kakadu CanCan.

- ✓ Klaus Knopf liebt Knödel, Klöße, Klöpse. Knödel, Klöße, Klöpse liebt Klaus Knopf.

- ✓ Acht alte Ameisen aßen am Abend Ananas.

- ✓ Am Zehnten Zehnten zehn Uhr zehn zogen zehn zahme Ziegen zehn Zentner Zucker zum Zoo.
  (Vgl. Pawlowski u.a., 1985, S. 74ff.)

Variante: Die Zungenbrecher können auch in verschiedenen Lautstärken (leise, laut und sehr laut) von den Tutoren vorgetragen werden. Somit hat man noch eine weitere Übung zum Thema laut und leise Sprechen.

SYNONYME FINDEN

Diese Übung lässt sich sehr gut als Wettbewerb durchführen. Die Gruppe wird in Kleingruppen aufgeteilt, die zu einem bestimmten Begriff, wie reden, gehen, sterben etc. in drei Minuten möglichst viele Synonyme finden sollen. Gegenseitige Vorstellung der Begriffe. Wer hat die meisten sinnverwandten Wörter gefunden?

Damit wird deutlich, dass manche Sachverhalte durch eine entsprechende Wortwahl sehr präzise und zuhörerfreundlich vermittelt werden können. Ob ich durch die Stadt gehe, schlendere, laufe oder marschiere – das weckt unterschiedliche Assoziationen beim Zuhörer.

3-WORTE-SPIEL

Jeder Teilnehmer erhält je drei Wörter (Nomen) und hält dazu spontan einen kurzen Vortrag vor der Gruppe im Stehen. Das kann ein kleiner Nonsens- oder Wissenschaftsvortrag, ein Rätsel oder auch eine Beschreibung sein. Bei dieser Übung kommt es weniger auf den Inhalt, als mehr auf das flüssige Sprechen an. Die drei Worte dürfen nicht in einem Satz verwendet werden!

Varianten:

✓ Die drei Wörter werden dem Vortragenden nach und nach von einem Zuhörer gezeigt und er muss diese dann spontan in seine Rede einbauen ohne diese zu unterbrechen.

✓ Die Tutoren erhalten nur ein Wort (z.B. Hund, Haus oder Urlaub) und tragen dazu spontan etwas vor. Ggfs. eine Redezeit von zwei Minuten vorgeben.

✓ Die Teilnehmer erhalten statt Wörter Abkürzungen: z.B. – usw. – LPG – AG – Hrsg. Sie müssen für diese Abkürzungen andere Bezeichnungen finden und darüber vor der Gesamtgruppe einen Kurzvortrag halten.

So wird beispielsweise aus ehemals LPG (Landwirtschaftliche Produktionsgenossenschaft) jetzt eine **L**achende **P**lanungs**g**esellschaft.

Mit diesen Übungen wird das sogenannte Sprechdenken gefördert, d.h. Denken und Sprechen bedingen sich einander; jeder ausgesprochene Gedanke gibt bereits den Anstoß für den nächsten Gedanken, der dann sprachlich ausgestaltet wird. Nach Heinrich von Kleist: ‚Der Gedanke kommt beim Sprechen.' (Vgl. Ruhleder, 1987, S. 137f.)

POWER-POINT-KARAOKE

Teilnehmer müssen spontan zu einem Screen aus einer beliebigen Power-Point-Präsentation oder zu einem thematischen Chart einen Kurzvortrag halten. Letztere Aufgabe kann gleichzeitig noch einer inhaltlichen Wiederholung dienen.

SIMULATIONEN MIT EINEM VIDEO-FEEDBACK

Die Tutoren halten einen Vortrag vor der Videokamera. Sie können hier Aufgaben oder Inhalte aus ihren Tutorien präsentieren. Die Vorbereitungen dazu werden in der Schulung getroffen; sie haben ca. 20 Minuten Vorbereitungszeit für einen Vortrag für rund drei bis vier Minuten. Durch das Video-Feedback erleben die Tutoren sich selbst, was zu vielen positiven Aha-Effekten (*„Meine wackligen Knie sieht man ja gar nicht!"*) und damit zu mehr Selbstsicherheit führt. Auch die Beobachtung der anderen gibt noch einmal wichtige Hinweise für optimale Vorträge. Feedback erfolgt sowohl von den Peers als auch vom Seminarleiter, u.a. zu Sprechtechnik, Körpersprache, Redeaufbau und Sprachstil/Wortwahl. Video-Feedback erfordert einen größeren Zeitrahmen, der unbedingt bei der Seminarplanung mit einkalkuliert werden muss.

Exkurs: Aktiv Gewohnheiten ändern

Tutoren, die ihren Vortrags- und Präsentationsstil verbessern möchten, sollten diese Veränderung auch wirklich wollen. Denn nur wenn man intrinsisch motiviert ist, wird eine Optimierung des Redestils auch gelingen. Ein Aktionsplan kann helfen, die nötigen Schritte in Angriff zu nehmen:

Erster Schritt: Selbst darüber bestimmen, welche Gewohnheiten geändert werden sollen, z.B. Füllwörter vermeiden.

Zweiter Schritt: Genau definieren, welche neue Gewohnheit stattdessen entwickelt werden soll, z.B.: Sprechpausen einhalten.

Dritter Schritt: Konsequent mit dem neuen Verhalten beginnen, z.B. bei Treffen mit Freunden oder im Tutorium.

Vierter Schritt: Nicht von dem neuen Verhalten abweichen, bevor dieses nicht fest etabliert ist.

Fünfter Schritt: Andere um Unterstützung bei diesem Veränderungsprozess bitten, z.B. durch regelmäßiges Feedback.

Wichtig ist dabei, sich erst einmal nur auf einige wenige Schlüsselgrößen (mini habits) zu konzentrieren. Erst wenn diese beherrscht werden, sollte man sich weiteren Aspekten zuwenden.

> „Das Wichtigste ist: Fange sofort an! Denn: Wenn nicht jetzt, wann dann?" (Ritter-Mamczek, 2012, S. 18)

4.2   Faden verloren und Blackout – was tun!?

Trotz bester Vorbereitung kann jedem passieren, dass man auf einmal nicht mehr weiß, was man sagen wollte, den Faden verliert und dabei völlig aus dem Konzept gerät. Folgende Hilfen können die Situation entschärfen:

- ✓ Eine kleine Gedankenpause machen und tief durchatmen.
- ✓ Der Blick auf den Stichwortzettel bzw. auf die Unterlagen.
- ✓ Bewusst langsam sprechen.
- ✓ Zugeben: *„Sorry, ich habe jetzt den Faden verloren."* Meistens gibt es Teilnehmer, die einem ein Stichwort geben, das hilft weiterzumachen.

✓ Gesagtes noch einmal zusammenfassen, wofür eine Gruppe immer dankbar ist. Durch die Wiederholung fügen sich meistens die Gedanken.

✓ Eine Frage an die Zuhörer stellen um eine Diskussion in Gang zu bringen. Das verschafft Zeit zum Nachdenken.

✓ Zum nächsten inhaltlichen Punkt überwechseln und die Inhalte zu einem späteren Punkt einfließen lassen. Tutanden merken so etwas nicht, da sie den Ablauf der Lerninhalte nicht kennen.

✓ Ein Witz, eine Anekdote oder eine rhetorische Frage einflechten.

✓ Den letzten Satz wiederholen, da einem dann meistens die Worte wieder einfallen.

Stellt sich ein richtiger Blackout ein, bei dem selbst diese Strategien nicht helfen, so bietet sich eine Fünf-Minuten-Pause an, die der Tutor dazu nutzen kann, um wieder ruhiger zu werden, sich kurz auf die Inhalte und den Ablauf zu besinnen und sich erneut zu konzentrieren.

Methoden-Tipp für Tutorentrainer:

In den Schulungen können Tutoren hier von ihren Erfahrungen und Ängsten sprechen. In Kleingruppen werden anschließend Problemlösestrategien erarbeitet, visualisiert und im Plenum vorgestellt.

Fazit sollte dabei sein, dass solche Situationen immer mal eintreten können und derjenige gut darauf vorbereitet ist, der um unterschiedliche Problemlösestrategien weiß. Diese Strategien zielen letztendlich darauf ab, Zeit zu gewinnen um zurück zum roten Faden zu kehren. Die Gruppe kennt in der Regel das Konzept bzw. den Ablauf nicht, von daher ist der Tutor meist der Einzige, der einen Fehler bemerkt. Das Wissen um diesen Sachverhalt kann ihm zusätzlich Sicherheit im Tutorium geben.

Auch Fallbeispiele können für anschauliche Erklärungen herangezogen werden.

4.3 Tipps zur Linderung von Lampenfieber

Schweißnasse Hände, Röte im Gesicht, Magenschmerzen, trockener Mund, erhöhte Herzfrequenz ... – das alles sind Anzeichen für Lampenfieber.

Lampenfieber tritt bei den allermeisten Tutoren auf, gerade dann, wenn das Tutorium zum ersten Mal gegeben wird. Die Ursache dafür ist u.a. die Angst sich zu blamieren, zu versagen, Fehler zu machen oder den eigenen Erwartungen nicht gerecht zu werden.

Die Angstsituation führt zu einem erhöhten Ausstoß von Adrenalin und stellt den Körper auf Flucht ein. Das Denken wird dabei stark eingeschränkt. Ein normales Rettungssystem unserer Vorfahren, wenn sie von einem wilden Tier oder anderen Menschen angegriffen wurden. Es gab keine Zeit zum Nachdenken, ein Überleben war abhängig von der schnellen Entscheidung zwischen Flucht oder Angriff. Das lässt sich allerdings nicht auf eine Redesituation im Tutorium transferieren; Tutoren können weder weglaufen noch ihre Tutanden angreifen. Damit wird die körperliche Energie nicht mehr aufgebraucht, sondern vielmehr in die Stresssymptome umgeleitet; die Denkblockaden sind allerdings erhalten geblieben.

Lampenfieber ist damit eine normale Stresssituation des Körpers und sollte nicht unterdrückt bzw. um jeden Preis bekämpft werden - es hilft sowieso nicht! Darüber hinaus sichert eine gewisse Portion Lampenfieber Spannung und vermeidet Routine. Meistens legt es sich mit der Zeit. Hier einige Tipps zum Umgang mit Lampenfieber:

- ✓ Lampenfieber – in welcher Situation und mit welchen Reaktionen tritt es auf? Diese Frage am besten einmal für sich selbst beantworten. Dann lässt sich leichter mit Lampenfieber umgehen. Man braucht keine Angst mehr davor zu haben, da man weiß, dass die Reaktionen in ganz bestimmten Situationen auftreten und später auch wieder vergehen wird.
- ✓ Eine gründliche Vorbereitung vermittelt Sicherheit und reduziert Ängste. Von daher unbedingt im Vorfeld Vortragssequenzen üben, d.h. den Vortrag laut sprechen, ggf. vor dem Spiegel, der Videokamera oder vor Freunden.
- ✓ Die Vorbereitung für das Tutorium sollte nicht erst kurz vor Beginn der Veranstaltung abgeschlossen werden.
- ✓ Entspannungstechniken, wie Yoga zur Beruhigung anwenden.
- ✓ Keine Angst vor Fehlern haben, denn fehlende Information kann per E-Mail oder in der nächsten Tutoriumsstunde nachgereicht werden.
- ✓ Zeitig vor Tutoriumsbeginn im Raum sein und die Technik sowie die eigenen Unterlagen noch einmal überprüfen.
- ✓ Am Anfang besonders langsam und betont sprechen und vor Redebeginn ausatmen.
- ✓ Hilfsmittel einsetzen: Stichwortzettel, Unterlagen, Medien etc.
- ✓ Mit einer positiven Einstellung in das Tutorium gehen.
- ✓ Den Blick immer mal wieder (nicht anstarren!) zu den sogenannten *Nickern* – also zu den positiven Zuhörern – wenden, die

durch ihre Mimik und Gestik Interesse ausstrahlen. Das gibt Sicherheit!

✓ Informationen über die Tutanden im Vorfeld einholen, z.b. mit der *SIE-Formel* (<u>S</u>ituation – <u>I</u>nteresse – <u>E</u>rwartungen). Damit kann man die Gruppe schon vorher besser einschätzen; kommen die Studierenden freiwillig und sind motiviert oder ist es ggf. ein Pflichttutorium.

✓ Auf Fragen vorbereitet sein.

✓ Unbedingt auf Alkohol (das Sektchen zur Animation oder der Schnaps zur Besänftigung) oder Medikamente zur Beruhigung verzichten, da die Wirkung nicht immer einschätzbar ist.

✓ Selbstbejahung: *„Ich werde dieses Tutorium meistern!!!"* – das hilft Sicherheit auszustrahlen und steigert das Selbstbewusstsein.

Folgender Text kann dazu als Übung eingesetzt werden (Klippert, 2002, S. 163):

Ich kann reden!

Ich kann reden! Das weiß ich ganz genau. Ich rede so oft und immer komme ich gut durch. Immer fällt mir etwas Sinnvolles ein. Ich werde den Faden schon nicht verlieren. Und wenn doch, dann ist das auch nicht schlimm, denn das passiert schließlich den anderen auch. Nur Ruhe bewahren, dann fließen und sprießen die Gedanken ganz schnell wieder.
Ich habe keine Angst. Nein! Vor wem denn auch. Ich habe mich gut vorbereitet; ich weiß Bescheid. Wenn ich rede, dann bin ich der Experte. Viele andere können mir nicht einmal das Wasser reichen. Und wenn ein bisschen Lampenfieber da ist-was soll's?! Das ist normal und macht mich nur noch leistungsfähiger.
Ich atme tief durch, halte die Luft etwa 4 Sekunden an und atme dann ganz langsam aus, bevor ich mit dem Reden beginne. Das beruhigt und strafft den Oberkörper. Ich bemühe mich, nicht zu schnell zu reden, denn das fördert nur die Hektik. Ich bremse gelegentlich mein Sprechtempo und lasse auch schon mal eine kurze Pause. Das ist für mich gut – und für meine Zuhörer auch!
Meine Gedanken sind klar und gut verständlich. Meine Körperhaltung spiegelt mein Selbstvertrauen. Ich spreche deutlich, natürlich! Meine Stimme ist kräftig. Ich habe keine Scheu, die Mitschüler [Studierenden] selbstbewusst anzuschauen, meinen Blick ruhig schweifen zu lassen – von einem zum anderen. Ich spreche ruhig und locker, freundlich und lebendig. Ich will überzeugen und ich kann überzeugen! Ich bemühe mich. Ich arbeite an mir. Und mehr kann niemandvon mir verlangen.
Reden ist besser als Schweigen. Davon bin ich überzeugt. Reden muss sein, damit ich im Leben Erfolg habe. Wer nicht reden kann, der wird schnell untergebuttert. Nein, mit mir nicht. Ich will mich bewähren.

Ich will es mir und anderen zeigen, dass ich kein Feigling bin und dass ich schon die richtigen Worte finden werde.
Ich muss ja nicht perfekt sein! Wer ist schon perfekt!? Reden kann man immer nur versuchen. Und je häufiger ich es versuche, umso besser und routinierter werde ich. Ich bin auf dem besten Wege, ein guter Redner zu werden. Meine Mitschüler [Tutanden] werden staunen, wie gut ich reden kann. Reden können ist ein Hochgenuss!

Methoden-Tipp für Tutorentrainer:

Die inhaltliche Sequenz zum Thema Lampenfieber sollte stark durch die Erfahrungen der Tutoren geprägt sein. In einem ersten Schritt berichten die Tutoren von ihrem Lampenfieber und wie es sich äußert. In einem zweiten Schritt sollten unbedingt Problemlösestrategien erarbeitet und diskutiert werden. Ggf. gibt es auch erprobte ‚Rezepte', die helfen Lampenfieber zu lindern.
Diese thematische Einheit kann sowohl im Plenum erfolgen als auch in Kleingruppen. Entscheidend dafür ist die Gruppengröße. Jeder sollte hier die Möglichkeit haben, über die eigenen Ängsten und Unsicherheiten zu sprechen.

4.4   Medien gezielt einsetzen

Der Einsatz von Medien, wie beispielsweise Overheadprojektor, Beamer, Tafel, Flip Chart oder Pinnwand schafft nicht nur Abwechslung in einem Lernsetting, sondern steigert, lernpsychologisch betrachtet auch die Behaltensquote des Gelernten:

- ✓ 20% von Gehörtem
- ✓ 30% von Gesehenem
- ✓ und 50% von Gehörtem und Gesehenem wird behalten.

Je mehr Sinne bei einem Lernenden angesprochen werden, desto höher ist der Lerneffekt. Zudem wird durch den Medieneinsatz der Spaß am Lernen gesteigert.

Medien werden gezielt eingesetzt und dürfen nicht zu einer Medienschlacht ausarten. Allerdings ist nur reden, nur an die Tafel schreiben oder nur Folien auflegen oftmals für die Teilnehmer, zu langweilig. Von daher ist die Aufgabe des Tutors, die richtige Mischung auszuwählen. Medien sind als sinnvolle Begleiter gedacht und sollen die Inhalte sowie die Präsenz des Vortragenden nicht überlagern.

Bei der Auswahl müssen die Vor- und Nachteile der einzelnen Medien berücksichtigt werden. Denn nicht jedes Medium ist für jede Tutoriumssituation gleich gut geeignet. Medien sind in Abhängigkeit vom Thema, von der Gruppengröße sowie von räumlichen und technischen Gegebenheiten zu sehen und setzen eine unterschiedliche Handhabung voraus. Eine gute Qualität sowie eine einwandfreie Funktionsfähigkeit sind dabei Voraussetzung. Empfehlenswert ist die Überprüfung der Medien vor dem Einsatz. Folgende Auflistung gibt einen Überblick über die gebräuchlichsten Medien in Tutorien:

- ✓ Beamer in Verbindung mit dem Computer
- ✓ Overheadprojektor
- ✓ Tafel/White Board
- ✓ Flipchart
- ✓ Pinnwand
- ✓ Handouts
- ✓ Modelle

Darüber hinaus gibt es noch weitere Medien, wie Smartboards (als eine Kombination aus Beamer und Flipchart), Copyboards, Tablets etc.

Interaktive Präsentationen lassen sich zudem mit *Stattys* (quasi Post-its) durchführen. Diese Art von Moderationskarten bestehen aus Kunststoff, sind elektrostatisch aufgeladen und haften somit auf (fast) jeder Oberfläche, beispielsweise auf Tapete, Holz, Glas, Kunststoff, Papier etc. Die Karten lassen sich beliebig oft ablösen, verschieben und ermöglichen so eine gewisse Dynamik. Einmal vorbereitet, lassen sie sich immer wieder verwenden. Sie werden mit Whiteboard- Stiften beschriftet und können damit auch korrigiert werden. *Stattys* gibt es in verschiedenen Farben und Größen.

Beamer in Verbindung mit dem Computer

Power-Point-Präsentationen wirken professionell und sind vor allem bei Präsentationen vor Großgruppen optimal geeignet.

PLUS

- ✓ gute Qualität
- ✓ einheitliches Layout
- ✓ Präsentation kann im Vorfeld erstellt werden
- ✓ Farben, Schriften etc. sind frei wählbar
- ✓ Grafiken, Bilder, Videos etc. können eingebaut werden

- ✓ Animationen und Effekte dienen zur Motivation
- ✓ Handouts können mit erstellt werden
- ✓ komplexe Dinge können visualisiert werden

MINUS

- ✓ notwendige Technik muss zur Verfügung stehen
- ✓ technische Pannen
- ✓ multimediale Möglichkeiten verleiten zum übermäßigen Einsatz von Showeffekten

TIPP

Da es immer wieder zu technischen Pannen kommt, sollte die Power-Point-Präsentation auch als Foliensatz vorliegen, um sie dann ggf. auf einem Overheadprojektor zu zeigen!

Overheadprojektor (OHP)

Der Einsatz des OHP bietet viele Möglichkeiten und ist durch die variable Vergrößerung zum Einsatz in allen Gruppen geeignet.

PLUS

- ✓ vorgefertigte Folien, die erklärt werden
- ✓ teilfertige Folien, die während der Präsentation ergänzt werden, z.B. ein Lückentext, Markierungen, Ergänzungen etc.
- ✓ Folien, die live im Seminar/Tutorium erstellt werden
- ✓ Folien werden computergeschrieben oder selbst beschriftet
- ✓ Folien lassen sich aus Fachbüchern herauskopieren
- ✓ Overlay Verfahren, d.h. das Übereinanderlegen von vorgefertigten Folien (übersichtlich für komplexe Sachverhalte)
- ✓ Enthüllungs-/Abdeck- oder Stripteasetechnik: Es wird nur das auf der Folie visualisiert, worüber gesprochen wird. Alles andere wird mit einem Blatt Papier abgedeckt und schrittweise dann aufgedeckt.
- ✓ auch Gegenstände können aufgelegt, gezeigt und erklärt werden

MINUS

- ✓ der Präsentierende hat häufig eine falsche Standposition und steht im Bild
- ✓ eine unleserliche Schrift ist nicht gerade förderlich

✓ auf Grund des beschränkten Formats entsteht ein häufiger Folienwechsel

✓ Altes ist nicht mehr sichtbar und Zusammenhänge gehen verloren

✓ vorbereitete Folien werden zu oberflächlich erklärt

✓ das Licht des OHP blendet und erschwert den Blickkontakt zu den Zuhörern

Es gibt Unterschiede sowohl bei den Folienschreibern (unterschiedliche Farben und Stärken; wasserlöslich oder permanent) als auch bei den Folien (Rollfolien, Folien für Laserdrucker, Tintenstrahldrucker, Kopierfolien, Folien zum Beschriften, Flipframes), die zu berücksichtigen sind.

TIPPS

✓ Folien im Querformat verwenden.

✓ Nicht mehr als sechs Worte in eine Zeile schreiben.

✓ Folien gehirnfreundlich vortragen: Auflegen - Ankündigen – Projektor einschalten – Kontrollblick zur Leinwand – Pause, Folie wirken lassen – Erklärungen step by step –Wichtiges auf der Folie zeigen – Zusammenfassen – Abschließen – usw.
Sollte keine Visualisierung mehr nötig sein, den Projektor unbedingt ausschalten.

✓ Zum Zeigen ist der eigene Zeigefinger ein absolutes ‚No go‘; stattdessen gibt es, neben dem Stift, eine professionelle und originelle Variante:

Abbildung 15: Overheadzeigestab (Entnommen aus: Will, 2000, S. 82)

Tafel/White Board

Die Tafel dient vor allem zur gemeinsamen Entwicklung von Ideen, dem Skizzieren von Sachverhalten oder Rechnen von Aufgaben. Sie wird immer noch gerne in Tutorien eingesetzt. Eine moderne Variante der Tafel ist das Whiteboard.

✓ spontan für Momentaufnahmen einsetzbar
✓ lässt sich nach unten und oben verschieben

MINUS

✓ begrenzte Fläche zum Schreiben
✓ Tafelbild nicht lange nutzbar
✓ Kreidestaub
✓ beim Schreiben wird der Gruppe häufig der Rücken zugedreht; der Blickkontakt geht verloren
✓ unsauberes Schriftbild

Eine Alternative zur Kreide ist die Flüssigkreide bzw. Kreidemarker.
Whiteboards dürfen nur mit Whiteboardmarkern beschrieben werden. Diese Tafeln werden mit einem speziellen Wischer mit Mikrofasertuch geputzt.

Flipchart

Es wird in Kleingruppen eingesetzt zur Entwicklung von Ideen, zur Visualisierung von Arbeitsergebnissen oder zum Skizzieren. Auch mit vorbereiteten Bögen (Flip´s) kann gearbeitet werden.

PLUS

✓ spontan einsetzbar
✓ bleibt lange sichtbar; es kann zurückgeblättert werden
✓ flexibel
✓ Aktivierung der Zuhörer
✓ leichter Transport und Handhabung
✓ Flipchart Bögen können sowohl vorbereitet als auch live im Seminar erstellt werden (wobei ein (teil-)vorbereitetes Flip Zeit spart)

MINUS

✓ Papierabfall (gerade dann, wenn die Bögen nicht gut ausgenutzt werden)
✓ für Großgruppen (mehr als 20 Personen) nicht geeignet, da die Darstellung zu klein ist
✓ Korrekturen sind schlecht möglich
✓ unleserliche Handschrift

TIPPS

- ✓ Zur Dokumentation kann von den Flip's ein Fotoprotokoll angefertigt werden und an die Teilnehmer verschickt werden.
- ✓ Für das Schreiben nur die entsprechenden Flipchart-Marker verwenden; sie schreiben nicht durch. Karierte Flipchart Blöcke erleichtern das gerade Schreiben und die Aufteilung des Blattes.
- ✓ Pro Seite ein Thema bzw. Gliederungspunkt.
- ✓ Das Flipchart muss mittig, für alle gut sichtbar platziert werden. Beim Schreiben wird nicht gesprochen, d.h. der Vortrag wird während des Schreibens unterbrochen. Danach wird der Blickkontakt zur Gruppe gesucht und weiter geredet.
- ✓ Mit der sogenannten Ausstellungstechnik können beschriebene Bögen an die Wand gehängt werden und sind somit gut sichtbar für den weiteren Seminarverlauf.

Pinnwand

Die Pinnwand wird eher bei Kleingruppenarbeiten eingesetzt zur Moderation von Gruppenprozessen, zur Ideenentwicklung oder Problemlösung. Sie sollte mittig stehen, damit auch alle Teilnehmer gut sehen können.

Eine Pinnwand wird zunächst mit Moderationspapier bespannt. Im Arbeitsprozess werden dann Moderationskarten verwendet, die beschriftet und angepinnt werden. Diese gibt es in unterschiedlichen Formen (rechteckig, rund, oval, länglich etc.) sowie in verschiedenen Farben, denen auch bestimmte Bedeutungen zukommen. Auf jeden Fall sollten gleiche Inhalte immer mit gleicher Farbe belegt, so z.B. rote Karten als Signalfarbe für wichtig; blaue Karten für Informationen; gelbe Karten für Tipps oder grüne Karten für Zusammenfassungen. Weiße Karten können der Orientierung dienen. Nummerierungen kommen auf kleine, runde Kuller oder Überschriften auf lange Streifen bzw. in ovale elliptische Formen. (Vgl. Weidenmann, 2008, S. 70) Mit Klebepunkten können zudem noch Bewertungen vorgenommen werden. In einem Moderatorenkoffer finden sich in der Regel alle Materialien, die man für den Einsatz mit einer Pinnwand benötigt.

PLUS

✓ Moderationskarten können während des interaktiven Gruppen-prozesses jederzeit umgepinnt und somit neu ge- bzw. zugeord-net werden

✓ durch den Einsatz der Karten können Diskussionen visuell strukturiert dargestellt werden

✓ ein gutes Medium für verbal schwächere Teilnehmer, da sie sich schriftlich äußern können auf ihren Karten

✓ leichte Handhabung

✓ Kreativität in Gruppen wird stark gefördert

✓ aktive Beteiligung aller Gruppenmitglieder führt zu hoher Motivation und starker Identifikation mit dem Ergebnis der Arbeit

MINUS

✓ großer Platzbedarf

✓ umfassendes Equipment ist erforderlich und nicht immer vor-handen

✓ sehr unhandlich zum Transportieren

✓ werden die Visualisierungstipps nicht eingehalten, kann es auch leicht unübersichtlich werden

✓ erfordert hohe Moderationskompetenz des Moderators

TIPPS

✓ Von den Arbeitsergebnissen können Fotoprotokolle erstellt wer-den.

✓ Alle Kärtchen werden angepinnt, selbst wenn sich bei einem Brainstorming Ideen wiederholen. Indem jeder Teilnehmer sein Ideenkärtchen sieht, wird ihm Wertschätzung entgegen ge-bracht.

✓ Moderationskarten nur mit Moderationsmarker (dicke Filz-schreiber) beschriften; pro Karte nur eine Idee, max. drei Zeilen und nur Schlagworte (keine ganzen Sätze!).

✓ *Zack-Zack* – hierzu eignet sich die Karten aus dem Handgelenk he-raus mit der Nadel kräftig und rasch an der Pinnwand anzuheften; nur dann hängen sie gerade (das Anbringen der Karten unbedingt üben!). „Der Profi fischt auch nicht für jede Karte eine neue Nadel aus der Plastikdose, sondern klemmt sich ein Schneidernadelkis-sen (Bestandteil des Moderatorenkoffers) ans Handgelenk und hat so beide Hände frei." (Weidenmann, 2011a, S. 151)

Handouts

Handouts oder auch Skripte bieten den Zuhörern eine gute Orientierungshilfe und die Möglichkeit einer Mitschrift. Gerade bei komplexen Sachverhalten, die zu umfassend zum Abschreiben sind, eignet sich der Einsatz von Handouts. Hier finden sich übersichtlich gegliedert Erkenntnisse, Tabellen, Grafiken, Befunde, Thesen, Formeln etc. in Kurzform.

Ein Handout kann das Zuhören und gleichzeitige Mitschreiben erleichtern, da der Vortragende das Tempo vorgibt. Informationen sind dauerhaft und ermöglichen ein Nachschlagen bei Unklarheiten oder der Prüfungsvorbereitung.

TIPP
Der didaktische Einsatz eines Handouts sollte sehr genau vorbereitet werden. Wird ein Handout ausgeteilt, fangen Teilnehmer sofort an zu lesen und sind somit erst einmal vom Vortrag abgelenkt. Von daher sollten ein paar Minuten Zeit zum Durchblättern und Lesen bzw. Überfliegen gegeben werden. Ist es eine Zusammenfassung von Lerninhalten, sollte ein Handout am Ende des Tutoriums ausgeteilt werden; soll es zum Mitdenken und Mitschreiben anregen, muss es vorher ausgegeben werden.

Modelle

Modelle können zum Erklären eingesetzt werden, wie z.B. bei schwierigen 3D Gegenständen. Sie können im Tutorium gezeigt und herum gegeben werden. Modelle sprechen beim Lernenden viele Sinne an, u.a. auch den Tastsinn, insbesondere bei den haptischen Lerntypen. (Vgl. Koch, 2002, S. 31ff.)

Für die Tutoren ist es wichtig die unterschiedlichen Medien kennenzulernen, den Umgang damit auszuprobieren und über den Einsatz zu reflektieren. Mitunter können dann in den Tutorien auch mal andere Medien eingesetzt werden.

4.5 Fachgerecht präsentieren

Der erste Eindruck ist entscheidend; der letzte bleibt haften.

Wie bereits ausgeführt, strahlen ein fester Stand, Blickkontakt, der Einsatz von Gestik und Mimik sowie lautes, deutliches und abwechslungsreiches Sprechen beim Präsentieren Souveränität aus. Darüber hinaus sollten noch weitere praktische Tipps beachtet werden:

✓ Die *Bühne* sollte so aufgebaut werden, wie sie benötigt wird. Dazu die Medien und Unterlagen so platzieren, wie sie leicht einsetzbar sind.

✓ Vor dem Redebeginn den Blick in der Gruppe schweifen lassen, ausatmen und dann anfangen ruhig zu sprechen; so wird die Aufmerksamkeit auf den Vortragenden gelenkt.

- ✓ Zu Beginn unbedingt das Thema und den Ablauf des Vortrags vorstellen – jede Präsentation hat eine Einleitung, einen Hauptteil und einen Schluss.
- ✓ Die Zuhörer ggf. mit einem interessanten Einstieg hellhörig machen.
- ✓ Sprechpausen beim Reden beachten.
- ✓ Nur die Visualisierung, über die gesprochen wird, steht im Blickfeld – andere Darstellungen lenken die Zuhörer nur ab.
- ✓ Auf neue Folien hinleiten, Zeit zum Betrachten lassen und dann erst kommentieren (pro Folie oder Chart ca. drei Minuten Sprechzeit einkalkulieren).
- ✓ Zeit zum Mitschreiben und Fragenstellen unbedingt einkalkulieren.
- ✓ Alle Anwesenden sollten die Visualisierung möglichst gut sehen können, ggf. die Frage stellen: *„Können auch alle gut sehen?"*
- ✓ Beim Präsentieren wird der Blick zur Gruppe gehalten; es wird weder zur Projektionsfläche noch zu den Medien gesprochen. Vom Overheadprojektor kann direkt abgelesen werden; ebenso vom Monitor. Ein kurzer Kontrollblick nach hinten auf die Wand reicht aus.
- ✓ Beim Overheadprojektor gilt die *ABS-Regel*: Auflegen – Blickkontakt – Sprechen.
- ✓ Analog dazu beim Laptop die *ttt-Regel*: touch – turn – talk.
- ✓ Gezeigt wird mit einem dünnen Stift auf der Folie (ein absolutes ‚No go' ist hier der Zeigefinger!); ansonsten mit einem Zeigestab oder einem Laser-Pointer an der Projektionsfläche, wobei der Laser Pointer sich allerdings nur bei einer ruhigen Hand eignet.
- ✓ Mit der zum Medium zugewandten Hand wird am Flip-Chart, an der Tafel oder Pinnwand gezeigt, um die Aufmerksamkeit auf wichtige Punkte zu lenken, aber weiterhin Blickkontakt zu den Zuhörern halten zu können.
- ✓ Bei Power-Point-Präsentationen lassen sich auch Presenter für die Folienübergänge einsetzen. Damit ist der Vortragende nicht so stark an den Laptop gebunden, kann sich im Raum bewegen,

---

Methoden-Tipp für Tutorentrainer:

Richtig und professionell zu präsentieren, lernen die Tutoren nur durch ÜBEN, ÜBEN, ÜBEN!
Von daher bieten sich hier Vortragsübungen mit Medieneinsatz an. Die Themen der Vorträge sollten aus der praktischen Tutorienarbeit kommen. Ein Feedback, möglichst mit Video-Einsatz, schließt sich an.

mit den Zuhörern interagieren und gleichzeitig durch die Power-Point-Präsentation navigieren.

✓ Unbedingt einen guten und vor allem ruhigen Abgang sichern, selbst dann, wenn man froh ist, dass der Vortrag vorbei ist.

4.6   Wohl dosiert visualisieren

Eine Visualisierung ist die Ergänzung und Erweiterung des gesprochenen Wortes durch optische Zeichen mit dem Ziel, Aufmerksamkeit zu erzielen, den Betrachter mit einzubeziehen, Orientierungshilfe während eines Vortrags zu geben, Inhalte zu verdeutlichen oder den Redeaufwand zu reduzieren, denn:

Ein Bild sagt mehr als 1000 Worte!

Der Großteil der Menschen zählt zu den *visuellen Lerntypen*, von daher macht eine gute Visualisierung den Vortrag nicht nur lebendig, sondern unterstützt den Wissenstransfer und Lerneffekt. Indem den Teilnehmern beispielsweise Sachaussagen, Zahlen, Statistiken, Tabellen oder Prozesse vor Augen geführt werden, lassen sich Gesprächsbeiträge für den Zuhörer besser strukturieren und Zusammenhänge verdeutlichen. Gleichzeitig bleibt das Gehörte und Gesehene besser im Gedächtnis haften. Werden Informationen und Daten schriftlich fixiert, sind sie für alle sichtbar und stehen während der Arbeit bzw. Diskussion ständig zur Verfügung. Das erleichtert nicht nur die Mitarbeit sondern hilft ebenfalls Missverständnisse zu reduzieren. Bedeutende Punkte werden in ihrer Wichtigkeit festgehalten.

Damit der Betrachter sich schnell zurecht findet, sollten einige grundlegende Tipps bei der Visualisierung berücksichtigt werden:

FARBEN

✓ Es sollten max. drei Farben verwendet werden, die gut lesbar sind: rot, grün, blau oder schwarz.

✓ Gleiche Sachverhalte bzw. Sinnzusammenhänge müssen mit gleichen Farben belegt werden, beispielsweise die Überschriften in grün, den Text in schwarz und Wichtiges in rot. Dieser Farbcode sollte dann beibehalten werden.

- ✓ Die Farbwirkung kann berücksichtigt werden, denn Farben haben Symbolcharakter.
- ✓ Kontraste beachten: Helle Schrift auf dunklem Hintergrund bzw. dunkle Schrift auf hellem Hintergrund.

Diagramme

- ✓ Diagramme sollten vereinfacht dargestellt werden, d.h. nur Eckdaten statt umfangreichem Zahlenmaterial. Reduzieren auf Wesentliches gilt hier als Maxime. „Als Gedankenstütze gilt hier die ‚Einhandregel'. Alles was ich an einer Hand abzählen kann ist OK. Mehr ist zuviel. Maximal fünf Stichpunkte oder Halbsätze pro Chart, maximal fünf Linien oder Balken bei einem Diagramm." (Schilling, 2004, S. 91)
- ✓ Zahlen lassen sich u.a. als Kurven-, Balken-, Säulen- oder Tortendiagramme darstellen (sogar in 3D).

Schriftgestaltung

- ✓ Groß genug schreiben – die Schriftgrößen müssen dem räumlichen Abstand der Teilnehmer zur Darstellung angepasst sein. Bei Präsentationen mindestens ein Schriftgrad von 18–20 Punkten beim Fließtext und 22–24 Punkte bei der Überschrift.
- ✓ Unbedingt leserlich schreiben (Druckbuchstaben).
- ✓ Buchstaben besser eng und nicht so weit a u s e i n a n d e r schreiben.
- ✓ Eine **dicke** Strichstärke (auch am PC) ist besser als ein *Spinnenbein*.
  Tipp: Es eignen sich dicke Filzstifte mit Keilspitze, die mit der breiten Filzkante auf das Papier gesetzt werden.
- ✓ Groß- und Kleinbuchstaben verwenden: MAN KANN ES SELBST AUSPROBIEREN, DASS GROSSBUCHSTABEN SCHLECHTER ZU LESEN SIND!
- ✓ Zeilenabstände beachten.
- ✓ Nur eine Schriftart und max. drei Schriftgrößen wählen.
- ✓ Eine klare, deutliche Schrift ist besser lesbar als eine *Zierschrift* oder eine Schriftart mit Serifen!

Text-Charts

- ✓ Nur eine Aussage pro Chart (Folie, Flipchart etc.) – nicht mehr als 6–9 Zeilen mit 5–7 Wörtern. Einfache Formulierung!

- ✓ Nur Kernaussagen visualisieren. Stichworte eignen sich hier besser statt ganzer Sätze.
- ✓ Max. drei Schriftgrößen verwenden.
- ✓ Gliederungszeichen: -, ★, →, ✓ benutzen, um Struktur zu schaffen.
- ✓ Kurze, ansprechende Überschriften wählen.
- ✓ Freiflächen als Ganzes gestalten und Ränder beachten.
- ✓ Stichworte, Leitsätze oder Sinneinheiten optisch hervorheben durch Leerzeilen, Einrücken oder Nummerierungen.
- ✓ Wiedererkennungswert berücksichtigen, z.b. ein Logo immer an einer bestimmten Stelle einfügen oder gleiche Gliederungszeichen verwenden.

WEITERE GESTALTUNGSTIPPS

Mit Bildern und Symbolen können Inhalte oft anschaulicher und eindringlicher dargestellt werden als mit Satz- und Stichwortwüsten. Grafiken, Tabellen, Schemazeichnungen, Mind- Maps, kognitive Landkarten, Bilder, Symbole (für Menschen, Themen oder Seminarorganisation), Pfeile, Kästen, Piktogramme, Aufzählungszeichen, Wolken (für Überschriften) sind Möglichkeiten, um eine Visualisierung ansprechend und abwechslungsreich zu gestalten.

Wichtiges schattieren, markieren, unterstreichen oder umranden.

- ✓ Auf einen Blick muss die Struktur erkennbar sein, d.h. Zusammenhänge und Sinneinheiten sowie Über- und Unterordnungen.
- ✓ Nur bekannte Abkürzungen benutzen: etc. – z.B. – d.h.
- ✓ Animation in Power-Point-Präsentationen – *Weniger ist mehr*!
- ✓ Bei Power-Point-Präsentationen sollte der Titel des Vortrags, das Datum, das Logo, der Name des Referenten sowie die Seitenzahl eingefügt werden.

UNVERZICHTBARES FAZIT

- ✓ Reduzierung auf das Wesentliche – als Merkposten gilt hier die *Einhandregel*, d.h. alles was sich an einer Hand abzählen lässt, ist o.k.
- ✓ Alles muss gut erkannt werden und vor allem bis zur letzten Reihe lesbar sein, von daher empfiehlt sich vorher ein Sehtest zu machen. (Vgl. Schilling, 2004, S. 89ff.)

4.7 Mit Zwischenrufen souverän umgehen

Es gibt immer wieder Tutanden, die den Ablauf des Tutoriums mit ihren Zwischenrufen stören oder unterbrechen. Es gibt kein Patentrezept damit umzugehen, nur einige bewährte Tipps aus der Praxis, die jeder für sich ausprobieren kann.

Tutoren sollten hier

✓ ruhig und gelassen bleiben.
✓ erst einmal zuhören, bevor sie dann reagieren.
✓ eine kleine Gedankenpause einlegen.
✓ schlagfertig reagieren.
✓ an Fairness bzw. die *Spielregeln* appellieren.
✓ Einwände an die Gruppe weitergeben (*„Wie sehen das die anderen?"*).
✓ einfach den Hinweis geben, dass es zu einem späteren Zeitpunkt eine Antwort darauf gibt.
✓ vereinzelte Zwischenrufe überhören und nicht darauf eingehen.

Treten Zwischenrufe verstärkt auf, kann der Tutor ein Gespräch darüber mit der Gruppe führen. Sind es immer die gleichen Studierenden, die das Tutorium mit ihren Einwänden unterbrechen, kann ein *Vier-Augen-Gespräch* zur Klärung der Situation nach der Tutoriumsstunde hilfreich sein. Ansprechpartner zur Unterstützung in dieser Problematik kann auch der Professor sein.

4.8 Gekonnt kommunizieren und Gespräche führen

„Man kann nicht nicht kommunizieren." (Paul Watzlawick)

Kommunikation ist ein gegenseitiger verbaler (sprachlicher) und nonverbaler (nichtsprachlicher) Informationsaustausch. Damit ist alles was wir tun Kommunikation. Die Art, wie etwas gesagt bzw. kommuniziert wird, beeinflusst stets auch den Empfang dieser ausgesendeten Botschaft. Eine gute Absicht muss noch lange keine gelungene Verständigung bedeuten.

Kommunikation funktioniert nämlich nur dann optimal, wenn Worte, Mimik, Gestik und Verhaltensweisen eines anderen Menschen in seinem Sinne verstanden und interpretiert werden. Erst wenn Einigkeit darüber besteht, wird Kommunikation perfekt. Unaufmerksamkeit, Unkonzentriertheit, Gleichgültigkeit, vorgefasste Meinungen, Vorurteile, Stress, unterschiedliche Sprachcodes etc. sind Differenzen, die oft zu Missverständnissen führen. Kommunikation ist keine Einbahnstraße, sondern ein Prozess, der auf Wechselseitigkeit beruht und immer auf zwei unterschiedlichen Ebenen abläuft:

✓ Auf der Sach- bzw. Inhaltsebene (hier werden die sachlichen Inhalte von Gesprächen objektiv vermittelt, wie Daten, Fakten, Zahlen).

✓ Auf der emotionalen bzw. Beziehungsebene (hier wird die Beziehung und das emotionale Wechselspiel der beiden Kommunikationspartner verpackt).

Als Erklärung von Kommunikation zwischen zwei Personen lässt sich das *Sender-Empfänger-Modell* oder auch *Vier-Ohren-und-vier-Schnäbel-Modell* von Friedemann Schulz von Thun heranziehen. Eine Person (Sender) formuliert eine Nachricht, die von einer anderen Person (Empfänger) aufgenommen und entschlüsselt wird. Dabei können in der Äußerung immer mehrere Botschaften versteckt sein, nämlich der Sachinhalt, die Selbstkundgabe, der Beziehungshinweis und der Appell.

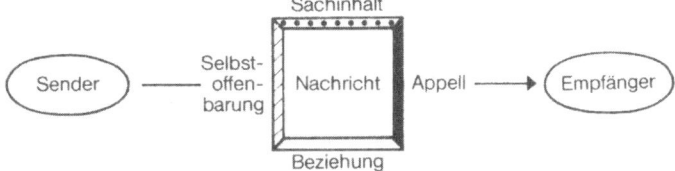

Abbildung 16: Die vier Seiten einer Nachricht
(Entnommen aus: Schulz von Thun, 2000, S. 30)

Diese *vier Seiten einer Nachricht* lassen sich wie folgt beschreiben:

Sachinhalt: Was sagt der Sprecher offiziell aus, Tatsachenfeststellung, Behauptung oder Meinungsäußerung? Worüber wird informiert?

Selbstoffenbarung: Was sagt der Sprecher über sich selbst? Was erfährt man über seine Stimmung, etc.? Was gibt er von sich selbst kund?

Beziehungshinweis: Wie sieht der Sprecher seine Beziehung zum Hörer? Als wen behandelt er ihn?

Appell: Was möchte der Sprecher beim Hörer erreichen? Wozu möchte er ihn veranlassen?

Alle Aspekte können dann sowohl mit dem Sach-, Beziehungs-, Selbstoffenbarungs- oder Appell-Ohr gedeutet und gewichtet werden. (Vgl. Schulz von Thun, 2000, S. 25ff.)

Probleme können möglicherweise entstehen, wenn die Botschaften des Senders vom Empfänger unterschiedlich ausgelegt und interpretiert werden.

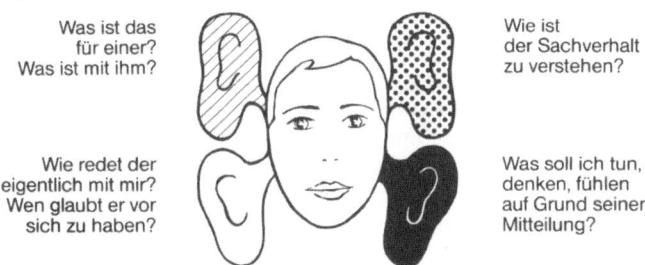

Abbildung 17: Mit vier Ohren empfangen
(Entnommen aus: Schulz von Thun, 2000, S. 45)

135

Ein Professor in einer Vorlesung: *„Es ist keine Kreide mehr da."* Je nachdem, wie es gesagt wird (verbal und nonverbal), kann es die reine Feststellung sein, dass keine Kreide mehr im Vorlesungssaal vorhanden ist. Selbst offenbart, kann es bedeuten, dass er Kreide benötigt und sich in der Rolle als Professor selbst nicht um den Nachschub zu kümmern braucht. Auf der Beziehungsebene kann es heißen, dass die Studierenden seine Wünsche erfüllen und Kreide besorgen sollen. Der Appell würde es auf den Punkt bringen: *„Besorgen Sie jetzt die Kreide!"*

Je nachdem mit welchem Ohr die Studierenden die Botschaft ‚*Es ist keine Kreide mehr da.*‘ aufnehmen, kann es durchaus zu einem Missverständnis kommen. Hat der Professor die Nachricht als Appell gemeint und die Studierenden haben es mit ihrem *Sach-Ohr* verstanden, wird sich voraussichtlich niemand bemühen neue Kreide zu besorgen.

Mit dem Modell wird die Vielschichtigkeit der Kommunikation sehr anschaulich beschrieben. Jede Botschaft wird auf vier Kanälen gesendet und kann auf vier Kanälen empfangen werden.

> Gedacht heißt nicht immer gesagt,
> gesagt heißt nicht immer richtig gehört,
> gehört heißt nicht immer richtig verstanden,
> verstanden heißt nicht immer einverstanden,
> einverstanden heißt nicht immer angewendet,
> angewendet heißt noch lange nicht beibehalten.
> (Konrad Lorenz)

Wird das Tutorium als ein Kommunikationsprozess betrachtet, so ist es wichtig, dass Tutoren grundlegend über Kommunikation informiert sind. So wissen sie, dass sie in ihrer Körpersprache und mit ihrer Sprechtechnik möglichst eindeutig sein müssen, damit ihr Gesagtes von den Tutanden auch richtig verstanden wird. Darüber hinaus gibt es für Tutoren immer wieder Situationen, in denen sie sowohl mit ihren Studierenden als auch mit ihren Professoren Gespräche unter vier Augen führen müssen. Das ist nicht immer einfach und erfordert manchmal Mut und Überwindung. Konkrete Gesprächstechniken dienen hier als Hilfestellung.

Es gibt eine Reihe von Steuerungselementen, mit denen Gespräche positiv gefördert werden und die einen Austausch zwischen den Gesprächspartnern ermöglichen.

✓ Eine sichere Körperhaltung und der gezielte Einsatz von Blickkontakt, Gestik und Mimik strahlen Selbstbewusstsein aus.

- ✓ Klar formulieren und sprechen, damit das Gesagte auch deutlich ankommt.
- ✓ Möglichst eine große Wortschatz-Schnittmenge herstellen; das verbindet Gesprächspartner.
- ✓ Sich auf sein Gegenüber einstellen und die eigene Rolle überdenken (Wie stehe ich zu dem Tutanden bzw. zu meinem Professor?).
- ✓ Den Ort und die Zeit für ein Gespräch überlegen (Soll es nach dem Tutorium oder zu einem gesonderten Termin stattfinden?). Das schützt vor Überraschungen.
- ✓ Welche Themen sollen angesprochen werden?
- ✓ Welches Ziel soll mit dem Gespräch erreicht werden?
- ✓ Das Gespräch strukturieren nach Einstiegs-, Informations- und Abschlussphase. Das hilft den roten Faden zu behalten.
- ✓ Gezielt Fragen stellen.
- ✓ Aktiv zuhören; bei Nichtverstehen unbedingt rückfragen bzw. die Aussage paraphrasieren.
- ✓ Ich- statt Du-Botschaften verwenden. Mit Ich-Botschaften teile ich nur meine subjektive Meinung und Gefühle mit. Formulierungen mit *man, wir* oder *Du* beziehen den Gesprächspartner ungefragt mit ein, was schnell zu Unmut oder Blockaden führen kann. Zudem zündet der Tutor damit eine *Nebelkerze* an, sodass er dadurch persönlich weniger Stellung bezieht.
- ✓ Die Themen und Probleme auf der Sachebene erörtern.
- ✓ Einwandtechniken einsetzen, wie die Ja-Aber-Technik, die Einwandvorwegnahme oder die bedingte Zustimmung.
  Beispiel: Ein Tutand möchte im Tutorium nur die Lösungen der Aufgaben haben.
  – *„Klar verstehe ich, dass Du die Lösungen haben möchtest, aber es wäre schon besser im Tutorium selbst die Aufgaben zu rechnen um die Lösungswege zu verstehen; gerade auch im Hinblick auf die Klausur."*
  – *„Es ist mir schon klar, dass Du nur die Lösungen zu den Aufgaben haben möchtest. ..."*
  – *„Ich schlage vor, dass ich Dir die Lösungen nur zu den einfachen Aufgaben gebe. Alle anderen Aufgaben werden gemeinsam im Tutorium gerechnet und gelöst."*
- ✓ Mit Argumenten überzeugen; hier lässt sich zwischen Muss-, Soll- und Kann-Argumenten unterscheiden. Sehr anschaulich wird die Argumentationskette mit dem *Köderprinzip,* bei dem

die Größe eines Elefanten die Gewichtung eines Argumentes entspricht.

Abbildung 18: Das Köderprinzip (Entnommen aus: Will, 2000, S. 26)

Konkret heißt das, dass zu Beginn des Gesprächs ein starkes Argument angeführt wird um Aufmerksamkeit zu erzielen. Weniger starke oder schwache Argumente folgen dann; zum Schluss wird das stärkste Argument genannt, da der letzte Eindruck bekanntlich haften bleibt.

✓ Schlagfertigkeitstechniken einsetzen um sich in unangenehmen Gesprächssituationen kurz Zeit zu verschaffen, wie mit einem unpassenden Sprichwort kontern, nonverbal Erstaunen signalisieren oder eine Gegenfrage stellen.
✓ Dem Gesprächspartner Wertschätzung entgegen bringen, d.h. ihn ausreden lassen, ihn ernst nehmen und seine Gefühle respektieren.
✓ Gesprächsstörer, wie z.B. Handy unbedingt ausschalten.
✓ Eine entsprechende räumliche Distanz halten und nicht in die Intimzone des Gegenübers eindringen. Jeder Mensch hat gewisse Distanzzonen. Kommt uns jemand zu nahe, fühlen wir uns bedrängt oder sogar bedroht. Das Maß der körperlichen Distanz richtet sich danach, in welchem Verhältnis wir zu dem Gesprächspartner stehen. Je intimer das Verhältnis, desto geringer ist der Raum, den wir um uns brauchen. Im Gespräch mit guten Freunden können 60cm ausreichen, mit fremden Personen sollte die Distanz etwa eine Armlänge betragen.
✓ Das Wesentliche des Gespräches zum Schluss noch einmal kurz zusammenfassen.
✓ Eine Win-Win-Strategie anstreben, sodass jeder einen Nutzen (Sieg) aus dem Gespräch zieht.

Mit dem Basiswissen um die Wege der Kommunikation und den praktischen Hinweisen für eine Gesprächsführung sollten Tutoren erfolgreich Gespräche führen können. Auch die *Tür-und-Angel-Gespräche* unterliegen Kommunikationsstrukturen.

Fünf Schritte für ein kurzes Zwischen-Tür-und-Angel-Gespräch:

1. Positiver Einstieg: *„Schön, dass ich Dich gerade treffe ....“*
2. *„Mir ist aufgefallen, dass ...“*
3. *„Das enttäuscht/*ärgert mich, weil wir vereinbart hatten ...
   oder
   Ich freue mich, dass ...“
4. *„*Ich wünsche mir für die Zukunft ... und möchte gerne vereinbaren ...
   oder
   Für die Zukunft wünsche ich mir, dass es so weitergeht.“
5. Positiver Abschluss: *„Dann wünsche ich Dir noch einen guten Tag an der Uni!“*

Methoden-Tipp für Tutorentrainer:

STILLE POST

Sechs bis sieben freiwillige Teilnehmer verlassen den Raum. Einem Teilnehmer im Seminarraum wird ein Bild gezeigt, mit der Aufforderung, sich davon möglichst viele Details zu merken. Das Bild wird dann verdeckt. Der erste Teilnehmer kommt zurück in den Seminarraum und erhält von dem Teilnehmer, der das Bild gesehen hat die Bildbeschreibung, hört erst einmal nur zu und darf anschließend noch einmal Verständnisfragen klären. Nacheinander werden nun die wartenden Teilnehmer hinein gebeten und erhalten die Bildbeschreibung jeweils von dem Vorgänger. Der Letzte hat die Aufgabe, nach der Beschreibung das Bild aus seinem Gedächtnis zu malen oder zu skizzieren. Danach werden die Bilder miteinander verglichen. Die nicht aktiven Teilnehmer werden zu Beobachtern und machen sich Notizen zum Ablauf um in dem abschließenden Auswertungsgespräch berichten zu können, wie die Informationen weitergegeben wurden.

(Beispielbild –
Quelle: unbekannt)

Meist werden Informationen weggelassen, kommen hinzu oder werden verändert. Daran schließt sich ein Auswertungsgespräch an, in dem analysiert wird, wie Informationen weiter getragen werden; was einer Bildbeschreibung hinderlich (z.B. zu viele Informationen, schnelles Sprechen oder kein Einsatz von Gestik) und förderlich (strukturiert sprechen, Beispiele nennen, zusammenfassen etc.) ist. Diese Übung eignet sich als Einstieg in das Thema Kommunikation.

BEDEUTUNGSANALYSE: DIE VIER SEITEN DER NACHRICHT

Eine Trockenübung zum Kommunikationsmodell: Die vier Aspekte einer Botschaft als wörtliche Rede formulieren, die der Sprecher gesagt haben könnte und diese dann im Plenum vorstellen zu folgenden Beispielsätzen: Chef zur Sekretärin: *„Es ist kein Kaffee mehr da."*
Er am ersten Abend vor ihrer Tür: *„Sie haben wirklich schöne Augen!"*
Tutor zu Studierenden im Tutorium: *„Könnt Ihr mir noch geistig folgen?"*
(Vgl. Günther/Sperber, 1995, S. 36ff.)

SIMULATIONEN

Gespräche aus dem Lehralltag der Tutoren in Rollenspielen simulieren mit Rückmeldung.

FALLBEISPIELE

Dokumentierte Fallbeschreibungen werden gelesen, analysiert und diskutiert im Hinblick auf Kommunikationsstrategien, fördernde und hinderliche Gesprächsfaktoren.

5. Zehn persönliche Lieblingsmethoden für alle Seminarsituationen

1. WELTRAUMSTATION zum Kennenlernen

Oftmals kennen sich die Seminarteilnehmer bereits schon untereinander und nur der Dozent kommt neu hinzu. Die üblichen Vorstellungsrunden werden hier sehr schnell langweilig. Die Kennenlernmethode *Weltraumstation* eignet sich für solche Settings ganz besonders gut.

Der Dozent hat hier den Auftrag zu Forschungszwecken über einen längeren Zeitraum zum Mond zu fliegen und ist auf der Suche nach geeigneten Persönlichkeiten für seine Mannschaft. Um den Seminarleiter bei dieser Mission zu unterstützen, nennt jeder der Tutoren seinen Namen und stellt dann seinen rechten Nachbarn kurz mit einigen demografischen Merkmalen vor, die vorher mit der Gruppe abgesprochen wurden. Darüber hinaus soll er kundtun, warum gerade sein Sitznachbar der Richtige ist, um mit auf den Mond zu fliegen. Da gibt es unter Umständen den kreativen Kollegen, der mit seinen ideenreichen Problemlösestrategien hilfreich sein könnte oder der technisch Versierte, der in der Not helfen kann; derjenige, der gerne kocht und somit die Crew an Bord versorgen kann.

Die Methode ist kurzweilig, da sie noch einmal neue Akzente unter bekannten Kollegen setzt. (In Anlehnung an Weidenmann, 2011b, S. 99f.)

2. BILDER-ASSOZIATION zum Einstieg in ein Thema

Zum Einstieg in ein Thema werden viele unterschiedliche Bilder (Fotos oder gesammelte Postkarten) im Seminarraum ausgelegt. Jeder Teilnehmer hat nun die Aufgabe, ein bis drei Bilder auszuwählen, die ihn besonders ansprechen im Hinblick auf die vorgegebene Fragestellung. Im Plenum erläutert dann jeder seine Assoziationen zu den Bildern bzw. zu dem Thema. Diese Methode bietet viele Anknüpfungspunkte für die weitere inhaltliche Arbeit.

Es sollte eine Bandbreite an Motiven vorhanden sein, sodass sich jeder angesprochen fühlt und die Ideen bzw. Einfälle umfangreich und verschieden ausfallen.

Eine empfehlenswerte Bildkartei: Weidenmann, Sonia und Bernd (2013): 75 Bildkarten für Trainings, Workshops und Teams. Weinheim und Basel: Beltz Verlag. Preisgünstiger ist das Sammeln von ansprechenden Postkarten für eine Bildkartei.

3. GRAFFITI/SCRABBLE zur Erarbeitung und Wiederholung von Lerninhalten

Ein zentraler Begriff der Tutorenschulung wird senkrecht auf eine Folie oder einen Flipchart-Bogen geschrieben. Die Teilnehmer tragen nun assoziativ Worte zu diesem Ankerbegriff – wie beim Scrabble oder Kreuzworträtsel – ein.

Hier ein Beispiel zum Thema LERNEN:

Leistung

PausEn

PuffeRzeiten

KleingruppeN

ZEitdiebe

PrüfungsvorbereitunNg

Mit dieser Methode lässt sich sehr gut an Vorwissen anknüpfen um dann in ein Thema einzusteigen. Daneben bietet sie sich auch zur Wiederholung von Lerninhalten am Ende einer Lerneinheit an. Solche kognitiven Landkarten (u.a. auch Mind-Maps) eignen sich dazu, den Wissenserwerb strukturiert zu visualisieren. (Vgl. www. lehridee.de)

Hier ein Beispiel aus der Tutorenschulung zum Thema *Erfolgreich vortragen und präsentieren*:

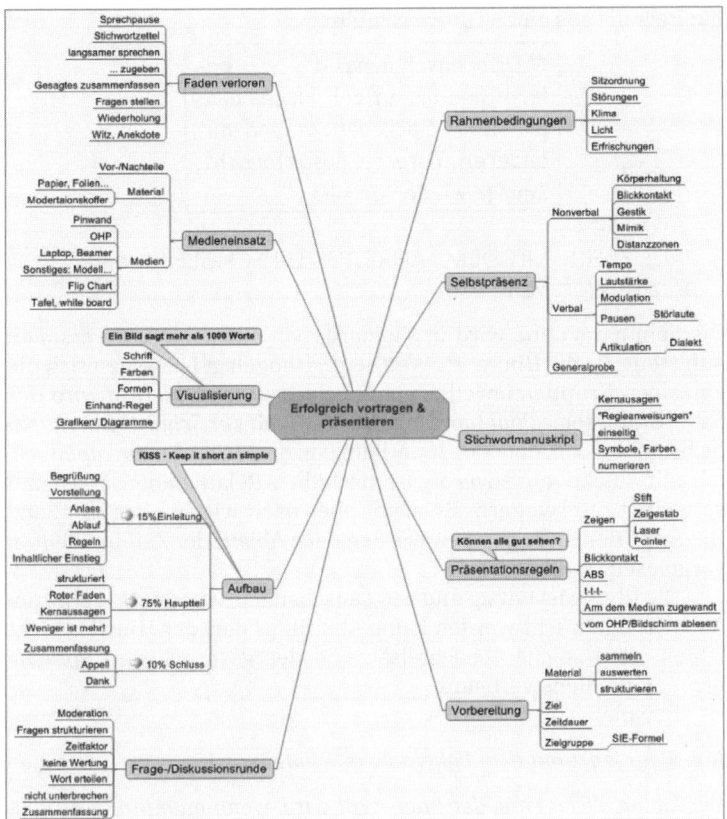

Abbildung 19: Erfolgreich vortragen und präsentieren
(Quelle: eigene Darstellung)

4. #TWITTERN# zur Ergebnissicherung der Kleingruppenarbeit

Die Ergebnisse von Kleingruppen werden im Plenum #getwittert#, also *gezwitschert*. Dazu visualisieren die Teilnehmer ihren Text auf einem Flipchart-Bogen; der Tweet (Kurzbeitrag) darf max. 140 Zeichen umfassen.

Die Beiträge werden im Plenum vorgestellt, können dann von den anderen favorisiert (geliked), geteilt (retweetet) oder wieder mit einem eigenen Tweet kommentiert werden.

Ein Beispiel aus einer Tutorenschulung:

> #Tutorenschulung, d.h. viel ge-
> lernt und diskutiert, Neues aus-
> probiert, Spaß gehabt und mit
> anderen Tutoren ausgetauscht.
> Immer wieder gern!#

5. PAUL FÄHRT MIT DEM FAHRRAD ZUR SCHULE für eine präzise Wortwahl

Die Seminargruppe wird in Kleingruppen mit max. fünf Personen aufgeteilt. Da die Übung als Wettbewerb angelegt ist, setzen sich die einzelnen Gruppen jeweils in eine Ecke des Raumes. Nun wird der Satz vorgelesen: *„Paul fährt mit dem Fahrrad zur Schule."* Die Aufgabe besteht darin, den Satz innerhalb von drei Minuten *aufzupimpen*, d.h. mit Adjektiven, Adverbien, Einschüben, Relativnebensätzen und so weiter zu erweitern. Es bleibt aber nach wie vor nur ein Satz! Die Sätze der Kleingruppen werden nach Ablauf der Zeit im Plenum vorgelesen.

Die Übung ist witzig und zeigt anschaulich, was mit Worten zum Ausdruck gebracht werden kann. Allerdings darf der Hinweis nicht fehlen, dass solche Schachtelsätze in der gesprochenen Sprache nicht empfehlenswert sind.

Beispiel:

Aus ‚*Paul fährt mit dem Fahrrad zur Schule.*' wird:

Der kleine, dicke Paul, der immer rot wird, wenn man ihn anspricht, fährt unsagbar schnell, wenn nicht gerade mal wieder die Luft aus dem Reifen ist, mit seinem funkelnagelneuem Fahrrad, dass er gerade gestern von seiner alten Oma, die mit ihren 96 Jahren immer noch an die Nordsee fährt usw.

6. ‚ICH HABE EINEN FREUND' zum Einsatz von Gestik, Mimik und Sprechausdruck

Der Text wird ausgeteilt und nach einer Vorbereitungszeit tragen die Tutoren ihn mit Betonung sowie Einsatz von Gestik und Mimik vor. Es folgt dazu ein Feedback. Diese Übung kann auch mit Video-Feedback eingesetzt werden.

Es ist spannend zu beobachten, wie unterschiedlich ein und derselbe Text vorgetragen und interpretiert wird. Die Teilnehmer werden sensibilisiert für Sprechtechnik und Körpersprache.

Text:

Ich habe einen Freund/
der ist so groß wie ein Baum/
mit Schultern so breit wie ein Kleiderschrank/
der baut begeistert Flugzeugmodelle/
kleine/
mittlere/
und große/
des Sonntags nimmt er seine Kinder bei der Hand/
seine Modelle unter dem Arm/
und geht hinaus vor die Stadt/
dort lässt er seine Flugzeuge steigen/
die kleinen heben leicht vom Boden ab/
machen einen Hupfer und setzen wieder auf/
die mittleren steigen steil hoch/
wenden ein paar Mal/
und gleiten elegant zur Erde zurück/
die großen/
rasanten/
steigen steil hoch/
kreisen in der Luft und stürzen im Sturzflug zur Erde zurück/
und zerschellen/
das ist bitter/
sehr bitter/
aber mein Freund macht sich nichts daraus/
er sammelt die Trümmer wieder auf/
nimmt seine Kinder bei der Hand/
und geht nach Hause/
dort baut er neue/
viel schönere Flugzeugmodelle/
(Quelle: unbekannt)

7. SCHWEBENDER ZOLLSTOCK als warming up oder zur Zwischenaktivierung

Die Teilnehmer einer Gruppe stehen Schulter an Schulter sich in zwei Reihen gegenüber und bilden eine schmale Gasse. Es wird ein ausgeklappter Zollstock auf den Boden gelegt und die Gruppe hat nun gemeinsam die Aufgabe, den Zollstock vom Boden aufzuheben. Dazu darf allerdings jeder nur seine Zeigefinger einsetzen.

Es bedarf einer guten Kooperation, Koordination und Kommunikation in der Gruppe, da keiner den Kontakt zu dem Zollstock verlieren darf. Das Vorgehen kann im Anschluss mit der Gruppe reflektiert werden. (Vgl. König, 2004, S. 39ff.)

8. TUTOR GESUCHT zur Klärung der Rolle

Die Tutoren verfassen Stellenausschreibungen für ihre potentiellen Nachfolger. Diese werden dann im Plenum vorgestellt. Daraus entwickelt sich eine Diskussion über die Rolle des Tutors; über die Erwartungen, die an ihn gestellt werden; über Befürchtungen; über Kompetenzen, über die er idealer- bzw. realistischerweise verfügen sollte etc. (Vgl. Baer, 1988)

9. LESEÜBUNG zum Studierenden Lesen

Es wird ein beliebiger Text (Umfang ca. zwei DIN A4 Seiten) in der Gruppe ausgeteilt mit der Aufforderung ihn zu lesen, um später eine Zusammenfassung zu geben. Nach ca. drei Minuten wird das Lesen unterbrochen und die Teilnehmer gebeten das Resümee zu geben. Sogleich entsteht ein Aha-Effekt, da die meisten begonnen haben, den Text Zeile für Zeile zu lesen und direkt zu markieren, statt sich zunächst einen Überblick zu verschaffen. Eine Zusammenfassung kann so gut wie niemand aus der Gruppe geben.

Anhand dieser Erfahrung können die unterschiedlichen Lesetechniken thematisiert werden. Im Anschluss daran kann der Text genutzt werden, um die SQ3R-Methode anzuwenden. (Siehe dazu Exkurs: Kurz und knapp – Das Wichtigste zum Thema Lernen lernen)

10. ERNTE & MÜLL zur Evaluation und Transfersicherung

Ein Arbeitsblatt zu ‚Ernte & Müll‘ wird ausgeteilt und alle Teilnehmer tragen ein, was sie aus dem Seminar mitnehmen (Ernte) und was sie da lassen werden (Müll). Entweder werden die Arbeitspapiere eingesammelt und von der Seminarleitung in der Nachbereitung ausgewertet oder im Seminar vorgestellt und abschließend diskutiert.

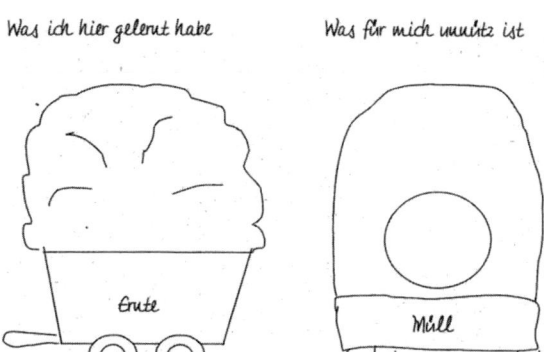

Abbildung 20: Ernte & Müll (Quelle: eigene Darstellung)

6. Zum guten Schluss

Abbildung 21: Wahrnehmung und Perspektive (Quelle: unbekannt)

Wird das Bild genau betrachtet, so sind in der Abbildung sowohl eine alte als auch eine junge Frau zu sehen.

In dem Schlusskapitel soll es jetzt nicht um die Wahrnehmungspsychologie von solchen Kipp- oder Vexierbildern gehen, vielmehr soll es Anlass sein, den Blick für die Tutorienarbeit in der Hochschullandschaft zu schärfen und ggf. zum Umdenken einzuladen.

Weiterbildungen für Tutoren dürfen nicht länger von öffentlichen Förderungen abhängig sein und müssen langfristig bzw. nachhaltig als eine weitere Säule in die hochschuldidaktische Lehre integriert werden und einen stärkeren Stellenwert in hochschulpolitischen Diskussionen finden. An einigen Hochschulen ist die Tutorenqualifizierung mittlerweile fest etabliert, in den meisten Fällen ist sie aber immer noch an befristete Projektstellen gekoppelt. Es wäre von großem Vorteil, wenn die Hochschulleitungen die Notwendigkeit einer systematischen Tutorienarbeit akzeptieren und sie als feste Arbeitsform in der jeweiligen Hochschule verankern würden. Das Angebot von Tutorien und Tutorenqualifizierungen könnte so beispielsweise ein geregeltes Thema in Zielvereinbarungsgesprächen zwischen der Hochschulleitung und den Fachbereichen bzw. Fakultäten sein.

Durch Tutorien wird die Lehre ergänzend unterstützt und optimiert. Erstsemester- wie auch Fachtutoren leisten hier einen wesentlichen Beitrag, um die Studienqualität maßgeblich zu verbessern, was u.a. zu kürzeren Studienzeiten, geringeren Abbruchquoten und nachhaltigen Lernerfolgen führen kann. Tutoren nehmen eine Mittlerrolle (Scharnierfunktion) zwischen Studierenden und Dozenten ein und entlasten damit zusätzlich die Professoren. In Tutorien werden Hürden und Berührungsängste der Studierenden durch ein *Lehren und Lernen auf Augenhöhe* (Peerlearning) abgebaut, was u.a. zu einem nachhaltigen Lernerfolg beitragen kann.

Für ihren Einsatz müssen die Tutoren qualifiziert werden. Sie müssen nicht nur über gute Fachkenntnisse, sondern auch über methodisch-didaktisches Know-how verfügen. Nur so können sie teilnehmeraktivierend in ihren Tutorien arbeiten. Damit leisten sie einen wesentlichen Beitrag zu einem *Shift from teaching to learning*; gleichzeitig können ihre Erfahrungen von bottom-up mit in die Lehre einfließen.

Die Themen in den Qualifizierungsmaßnahmen für Tutoren kommen aus dem großen Bereich der Soft Skills. Vortragen, Visualisieren und Präsentieren, Kommunikation und Gesprächsführung oder Gruppendynamik sind Schwerpunkte in den Schulungen, die vermittelt, erlernt, erlebt und reflektiert werden um anschließend in den eigenen Tutorien umgesetzt zu werden. Damit erwerben bzw. erweitern die Tutoren wichtige Sozial-, Personen- und Methodenkompetenzen, die sie nicht nur im Studium oder Tutorium sondern auch im späteren Berufsleben gebrauchen können. Tutorenqualifizierungen sind ein Raum für das Lernen und dienen gleichzeitig einer nachhaltigen Persönlichkeitsentfaltung.

Darüber hinaus wird mit den Qualifizierungsangeboten für Tutoren das Lehr- und Lernangebot an Hochschule nicht nur erweitert, sondern auch eine stärkere Bindung dieser Studierenden an die Hochschule geschaffen, auch im Hinblick auf einen potenziellen wissenschaftlichen Nachwuchs. Durch den Einsatz von Tutoren lässt sich der wissenschaftliche Nachwuchs für Forschung und Lehre gewinnen. Tutoren lernen Hochschulstrukturen und -lehre kennen und können sich somit ein besseres Urteil über das Berufsfeld Hochschule bilden. Zertifikate für Tutoren könnten zukünftig beispielsweise auf hochschuldidaktische Basiszertifikate angerechnet werden.

Um Tutoren bestmöglich zu motivieren und langfristig zu beschäftigen, müssen allerdings neben den bestehenden auch neue

Anreizsysteme geschaffen werden, so z.b. die flächendeckende Vergabe von Credit-Points bei der Durchführung eines Tutoriums und der Teilnahme an einem Qualifizierungs- bzw. Zertifizierungsprogramm für Tutoren. Das erfordert in der Regel eine Änderung des Curriculums, der Modulbeschreibungen oder der Studien- bzw. Prüfungsordnungen, was in Reakkreditierungsprozessen Berücksichtigung finden könnte.

Für die Realisierung solcher Ideen müssen die Vorteile, der Nutzen und die Verwendbarkeit von Tutorenweiterbildungen regelmäßig hochschulintern transparent gemacht werden, wie durch interne Tagungen, Newsletter, Best-Practice-Treffen, Gespräch mit Entscheidungsträgern und Stakeholdern oder Round-Table-Gespräche in Fachbereichen. Um die Qualität der Tutorenqualifizierung noch einmal besonders zu verdeutlichen, wird das Tutorenprogramm der Hochschule Niederrhein jetzt offiziell akkreditiert. Mit einem öffentlichen Gütesiegel erhalten solche Programme – intern wie extern – ein erhöhtes Ansehen.

Darüber hinaus sollten Hochschulen auch den Blick auf die Etablierung von Multiplikatorenprogrammen richten. Mit speziell zugeschnittenen Konzepten und entsprechenden Anreizsystemen können zertifizierte Tutoren oder wissenschaftliche Mitarbeiter für die Qualifizierung von Tutoren ausgebildet werden. Der besondere Charme ist einerseits, dass die Multiplikatoren aus den Fachbereichen kommen und die Tutorenschulungen somit stark an die jeweiligen Bedarfe angepasst werden können und andererseits, dass eine Qualifizierung auch in Zeiten ohne öffentliche Fördermittel gesichert ist.

Auch wenn es mittlerweile viele erfolgreiche Projekte in der Hochschullandschaft gibt, so darf das nicht Stillstand bedeuten. Der Einsatz von Tutorien sowie eine Tutorenqualifizierung bzw. -zertifizierung muss flächendeckend angestrebt und durch entsprechende Ressourcen verstetigt werden. Bestandsaufnahmen bzw. Bedarfsanalysen können helfen, die Diskussionsprozesse in Gang zu setzen. Argumentations- und Strukturpapiere helfen Vorteile einer Qualifizierung von Tutoren noch einmal zu verdeutlichen. Innovative Ideen und Konzepte sowie Evaluationsergebnisse bieten sich geradezu an um publik gemacht zu werden in Veröffentlichungen, auf Fachtagungen, in hochschulübergreifenden Netzwerken oder in hochschulpolitischen Diskursen, getreu dem Motto: *Tue Gutes und rede darüber.*

Zusammenfassend lässt sich feststellen, dass sich aus der Professionalisierung einer tutoriellen Arbeit ein Nutzen für alle Beteiligten ergibt:

✓ Für die Tutoren, die hochschuldidaktisch geschult und somit professionell gefördert werden.

✓ Für die Lehrenden, die damit eine Entlastung erfahren und ein reales Bild über die Schwierigkeiten ihrer Studierenden bekommen.

✓ Für die Studierenden, bei denen Lernprozesse adäquat gefördert werden und somit einen nachhaltigen Lernerfolg schaffen.

✓ Für die Personalentwicklung einer Hochschule.

✓ Für eine positive Innen- und Außendarstellung.

✓ Für eine verbesserte Lehre im Sinne des Ansatzes *shift from teaching to learning*.

> „Der hochschuldidaktische Blick auf Tutorien, einschließlich der Qualifizierung für diese Aufgabe, erweitert nicht einfach nur das Spektrum der Gestaltungsvarianten in Lehre und Studium. Tutorien sind Teil und gleichzeitig treibende Kraft eines mehr denn je notwendigen Wandels der Hochschulbildung. Es bleibt zu hoffen, dass der neue Schwung, der sich in den zahlreichen wiederbelebten Programmen und neuen Initiativen manifestiert, eine kontinuierliche und nachhaltige Entwicklung einleitet und das Auf- und Ab der Konjunkturen mit allen Abbrüchen und Neuanfängen der Vergangenheit angehört." (Wildt, 2013, S. 47)

Eine systematische Tutorienarbeit bedeutet Qualifizierung für die Zukunft und damit einen nachhaltigen Mehrwert für Studierende, Tutoren, Tutorentrainer, Hochschulen und Hochschulpolitik.

Quellenverzeichnis

Literatur

Baer, Ulrich (1988): 500 Spiele für jede Gruppe, für alle Situationen. RAT – Remscheider Arbeitshilfen und Texte. Remscheid.

Bebber, Frank van (2007): Mein kleiner, kluger Tutor. In: duz Magazin 08/2007. S. 11–12. Berlin.

Behme, Helma (1992): Miteinander reden lernen. Sprechspiele im Unterricht. München: Iudicium Verlag.

Besser, Ralf (2004): Transfer: Damit Seminare Früchte tragen. Strategien, Übungen und Methoden, die eine konkrete Umsetzung in die Praxis sichern. Weinheim, Basel: Beltz Verlag.

Bösch, Holger (2012): Black Stories 5. 50 rabenschwarze Rätsel. Kempen: Moses Verlag.

Böss-Ostendorf, Andreas/Senft, Holger (2014): Einführung in die Hochschul-Lehre. Ein Didaktik-Coach. Opladen: Budrich Verlag.

Burchardt, Michael (2000): Leichter studieren. Wegweiser für effektives wissenschaftliches Arbeiten. Berlin: Berlin Verlag.

Brinker, Tobina/Schumacher, Eva-Maria (2014): Befähigen statt belehren. Neue Lehr- und Lernkultur an Hochschulen. Bern: hep Verlag.

Brüning, Ludger/Saum, Tobias (2009): Erfolgreich unterrichten durch Kooperatives Lernen 1. Strategien zur Schüleraktivierung. Essen: Neue Deutsche Schule Verlagsgesellschaft.

Dürrschmidt, P. u.a. (2010): Methodensammlung für Trainerinnen und Trainer. Bonn: managerSeminare Verlag.

Fengler, Jörg (2004): Feedback geben. Strategien und Übungen. Weinheim, Basel: Beltz Verlag.

George, Roman (2013): Gute Tutorienarbeit unter welchen Voraussetzungen? Die Beschäftigungsbedingungen von Tutorinnen und Tutoren. In: Kröpke, Heike/Ladwig, Annette (Hrsg.): Tutorienarbeit im Diskurs. Qualifizierung für die Zukunft. Münster: LIT Verlag.

Görts, Wim (Hrsg.) (2011): Tutoreneinsatz und Tutorenausbildung. Studierende als Tutoren, Übungsleiter, Mentoren, Trainer, Begleiter und Coaches – Analysen und Anleitung für die Praxis. Bielefeld: Webler Universitätsverlag.

Günther, Ulrich/Sperber, Wolfram (1995): Handbuch für Kommunikations- und Verhaltenstrainer. Psychologische und organisatorische Durchführung von Trainingsseminaren. München, Basel: Reinhardt Verlag.

hdw nrw (2009): Jubiläumskalender 10 Jahre Hochschuldidaktische Weiterbildung Nordrhein-Westfalen.

Heister, Werner (2007): Studieren mit Erfolg: Effizientes Lernen und Selbstmanagement in Bachelor-, Master- und Diplomstudiengängen. Stuttgart: Schäffer-Poeschel Verlag.

Heister, Werner/Weßler-Poßberg, Dagmar (2007): Studieren mit Erfolg: Wissenschaftliches Arbeiten für Wirtschaftswissenschaftler. Stuttgart: Schäffer-Poeschel Verlag.

Heister, Werner u.a. (2007): Studieren mit Erfolg: Prüfungen meistern. Klausuren, Kolloquien, Präsentationen, Bewerbungsgespräche. Stuttgart: Schäffer-Poeschel Verlag.

Hitziger, Hansjörg/Dailidow, Nicolas (o.J.): Tutorengestütztes lernorientiertes Lehren von Vermittlung von Schlüsselkompetenzen an Hochschulen – Ein Erfahrungsbericht überinnovative (hochschul-)didaktische Praxis. o.O. http://www.hitziger-beratung.de/htm/pdf/Tutorengestuetztes_Lehren-Kongressbeitrag.pdf, 13.01.2011.

Karas, Fritz/Hinte, Wolfgang (1980): Grundprogramm Gruppenarbeit. Wuppertal: Jugenddienst Verlag.

Keller, Evelyne (2013): Nachhaltigkeit in Beratung und Training. Konzept und Methoden. Bonn: managerSeminare Verlag.

Kirsch, Siegfried (2013): Tutorenarbeit: Unterstützung aus Sicht eines Lehrenden. In: Kröpke, Heike/Ladwig, Annette (Hrsg.): Tutorenarbeit im Diskurs. Qualifizierung für die Zukunft. Münster: LIT Verlag.

Klein, Zamyat M. (2003): Kreative Seminarmethoden. 100 kreative Methoden für erfolgreiche Seminare. Offenbach: Gabal Verlag.

Klippert, Heinz (2002): Kommunikations-Training. Übungsbausteine für den Unterricht. Weinheim, Basel: Beltz Verlag.

Knauf, Helen (2005): Tutorenhandbuch. Einführung in die Tutorenarbeit. Bielefeld: Universitätsverlag Webler.

Knauf, Helen (2006): Vom Frosch zum Adler. Wie Tutorinnen und Tutoren ihre Arbeit durch Coaching verbessern können. In: Wildt, Johannes/Szczyrba, Birgit/Wildt, Beatrix (Hrsg.): Consulting. Coaching. Supervision. Eine Einführung in Formate und

Verfahren hochschuldidaktischer Beratung. Bielefeld: Bertelsmann Verlag. S. 203–214.

Knoll, Jörg (2007): Kurs- und Seminarmethoden. Ein Trainingsbuch zur Gestaltung von Kursen und Seminaren, Arbeits- und Gesprächskreisen. Weinheim, Basel: Beltz Verlag.

Koch, Evelyn (2002): Präsentationen gekonnt durchführen. Stuttgart: EduMedia Verlag.

Konrad, Konrad/Traub, Silke (2012): Kooperatives Lernen. Theorie und Praxis in Schule, Hochschule und Erwachsenenbildung. Hohengehren: Schneider Verlag.

König, Stefan (2004): Warming-up in Seminar und Training. Übungen und Projekte zur Unterstützung von Lernprozessen. Weinheim, Basel: Beltz Verlag.

König, Oliver/Schattenhofer, Karl (2006): Einführung in die Gruppendynamik. Heidelberg: Carl-Auer Verlag.

Krämer, Sabine U./Walter, Klaus-Dieter (2004): Arbeitstechniken von A-Z. Kreativ und effizient durch den Büroalltag. Eibelstadt: Lexika Verlag.

Kraus, Christine/Müller-Benedict, Volker (2007): Tutorium an der Hochschule. Ein Manual für Tutorinnen und Tutoren. Aachen: Shaker Verlag.

Kröpke, Heike (2008): Das Tutorenprogramm an der Hochschule Niederrhein, In: Brinker, Tobina/Müller, Eckehard (Hrsg.): Wer, wo, wie und wie viele Schlüssel-Kompetenzen? Wege und Erfahrungen aus der Praxis an Hochschulen. Recklinghausen.

Kröpke, Heike/Szczyrba, Birgit (2009): Wer stützt den Sherpa? Tutorenweiterbildung als Investition in die Qualität der Lehre. In: Behrendt, Brigitte/Voss, Hans-Peter/Wildt, Johannes (Hrsg.): Neues Handbuch Hochschullehre. Stuttgart: Raabe Verlag. F 6.5.

Kröpke, Heike (2011a): Studierwerkstatt „Fit durch's Studium". Manual für Tutoren der Hochschule Niederrhein. Unveröffentl. Manuskript. Mönchengladbach.

Kröpke, Heike (2011b): Studierwerkstatt „Optimale Prüfungsvorbereitung". Manual für Tutoren der Hochschule Niederrhein. Unveröffentl. Manuskript. Mönchengladbach.

Kröpke, Heike/Szabo-Batancs, Melanie/Bock, Silke (2012): Investition in die Qualität der Lehre. Einsatz von studentischen Tutorinnen und Tutoren am Beispiel zweier Fachhochschulen in Deutschland. In: Zimmermann, Tobias/Zellweger, Franziska (Hrsg.): Lernendenorientierung. Studierende im Fokus. Forum

Hochschuldidaktik und Erwachsenenbildung. Band 3, Bern: hep Verlag.

Kröpke, Heike (2014): Who is who? Tutoring und Mentoring – der Versuch einer begrifflichen Schärfung. In: Tutoring und Mentoring unter besonderer Berücksichtigung der Orientierungseinheit. Universitätskolleg-Schriften. Band 5. Hamburg.

Kröpke, Heike/Wittau, Heidemarie/Eßer, Alexandra (2014): Transfersicherung in Qualifizierungsmaßnahmen für Tutoren. In: Behrendt, Brigitte/Voss, Hans-Peter/Wildt, Johannes (Hrsg.): Neues Handbuch Hochschullehre. Stuttgart: Raabe Verlag 2009. F 6.10.

Kröpke, Heike/Wittau, Heidemarie/Eßer, Alexandra (2014): Kooperatives Lernen in der Tutorenausbildung und zum Einsatz in Tutorien. In: Behrendt, Brigitte/Voss, Hans-Peter/Wildt, Johannes (Hrsg.): Neues Handbuch Hochschullehre. Stuttgart: Raabe Verlag. F 6.11.

Lehner, Martin (2009): Viel Stoff – wenig Zeit. Wege aus der Vollständigkeitsfalle. Bern: Haupt Verlag.

Lerche, Ruth (1995): Rhetorik: Das Trainingsprogramm. Sicher auftreten – frei sprechen – erfolgreich diskutieren. Augsburg: Weltbild Verlag.

Marx, Sabine (2004): Gruppenarbeit in der Hochschullehre, www.lehridee.de.

Matheis, Ilona/Worth, Maria-Anna (2013): Über die Kunst Tutoren zu gewinnen – Überlegungen zur Entwicklung eines nachhaltigen Anreizsystems für Tutoren. In: Kröpke, Heike/Ladwig, Annette (Hrsg.): Tutorienarbeit im Diskurs. Qualifizierung für die Zukunft. Münster: LIT Verlag.

Meyer, Hilbert (2005): Was ist guter Unterricht? Berlin: Cornelsen Verlag.

Meyerhoff, Juliane/Brühl, Christoph (2009): Fachwissen lebendig vermitteln. Das Methodenbuch für Trainer und Dozenten. Stuttgart: Rosenberger Verlag.

Neuland (Hrsg.) (2006): bikablo. Das Trainerwörterbuch der Bildsprache. Eichenzell.

Nowotny, Valentin/Tantau, Christiane (2012): Erfolgreich Trainings und Seminare gestalten. Methoden und Strategien für einen nachhaltigen Lerntransfer in die Praxis. Berlin: Cornelsen Verlag.

Pawlowski, Klaus/Lungershausen, Helmut/Stöcker, Fritz (1985): Jetzt rede ich. Ein Spiel- und Trainingsbuch zur praktischen Rhetorik. Wolfsburg: Niedersachsen-Druck Verlag.

Peters, David A. (2013): Tutoren auf dem Prüfstand? Tutorenevaluation am Beispiel der Hochschule Niederrhein. In: Kröpke, Heike/Ladwig, Annette (Hrsg.): Tutorienarbeit im Diskurs. Qualifizierung für die Zukunft. Berlin: LIT Verlag.

Rabenstein, Reinhold (1980): Lernen kann auch Spaß machen. 105 Methoden zum Einstieg, zur Aktivierung bei Müdigkeit und Unlust und zur Auswertung der gemeinsamen Arbeit. Darmstadt.

Renkl, Alexander/Beisiegel, Stefanie (2003): Lernen in Gruppen: Ein Minihandbuch. Landau: Verlag Empirische Pädagogik.

Ritter-Mamczek, Bettina (2011): Stoff reduzieren. Methoden für die Lehrpraxis. Opladen & Farmington Hills: Budrich Verlag.

Ritter-Mamczek, Bettina (2012): Im Team an die Spitze. Seminarunterlagen. Unveröffentl. Manuskript. Mönchengladbach.

Ruhleder, Rolf H. (1983): Rhetorik Fibel von A–Z. Bad Harzburg: WWZ Verlag.

Ruhleder, Rolf H. (1987): Rhetorik Kinesik Dialektik. Redegewandtheit Körpersprache Überzeugungskraft. Bad Harzburg: WWZ Verlag.

Schilling, Gert (2004): Angewandte Rhetorik und Präsentationstechnik: Der Praxisleitfaden für Vortrag und Präsentation. Berlin: Schilling Verlag.

Schilling, Gert (2005): Zeit optimal nutzen. Stuttgart: EduMedia Verlag.

Schräder-Naef, Regula (2008): Rationeller Lernen. Ratschläge und Übungen für alle Wissbegierigen. Augsburg: Weltbild Verlag.

Schubert-Henning, Sylvia (2007): Toolbox – Lernkompetenz für erfolgreiches Studieren. Bielefeld: Webler Universitätsverlag.

Schulz, Manuel u.a. (1999): Kommunikation aktiv. Basiswissen, Beispiele und Übungen für das selbstorganisierte Training. Neuwied: Luchterhand Verlag.

Schulz von Thun, Friedemann (2000): Miteinander reden. Störungen und Klärungen. Allgemeine Psychologie der Kommunikation. Band 1. Augsburg: Weltbild Verlag.

Schumacher, Eva-Maria (2011): Schwierige Situationen in der Lehre. Methoden der Kommunikation und Didaktik für die Lehrpraxis. Opladen & Farmington Hills: Budrich Verlag.

Schumacher, Eva-Maria (2014): Methodenglossar für die Hochschullehre. www.lehridee.de.

Simon, Walter (2004): Gabals großer Methodenkoffer. Grundlagen der Kommunikation. Offenbach: Gabal Verlag.

Wack, Otto Georg/Detlinger, Georg/Grothoff, Hildegard (1993): Kreativ kann jeder sein. Kreativitätstechniken für Leiter von Projektgruppen, Arbeitsteams, Workshops und von Seminare. Ein Handbuch zum Problemlösen. Hamburg: Windmühle Verlag.

Webers, Gudrun/Ouden, Hendrik den/Kröpke, Heike (2012): Schulung für Multiplikatorinnen und Multiplikatoren. Unveröffentl. Manuskript. Osnabrück.

Weidenmann, Bernd (2008): 100 Tipps & Tricks für Pinwand und Flipchart. Weinheim, Basel: Beltz Verlag.

Weidenmann, Bernd (2011a): Erfolgreiche Kurse und Seminare. Professionelles Lehren mit Erwachsenen. Weinheim, Basel: Beltz Verlag.

Weidenmann, Bernd (2011b): Update für Trainer. In 14 Lektionen zur didaktischen Meisterschaft. Bonn: managerSeminare Verlag.

Wildt, Johannes (2013): Ein hochschuldidaktischer Blick auf die Tutorenqualifizierung, In: Kröpke, Heike/Ladwig, Annette (Hrsg.): Tutorienarbeit im Diskurs. Qualifizierung für die Zukunft. Berlin: LIT Verlag.

Will, Hermann (2000): Mini Handbuch Vortrag und Präsentation. Für Ihren nächsten Auftritt vor Publikum. Weinheim, Basel: Beltz Verlag.

Winteler, Adi (2004): Professionell lehren und lernen. Ein Praxisbuch. Darmstadt: Wissenschaftliche Buchgesellschaft.

Wörner, Alexander (2006): Lehren an der Hochschule. Eine praxisbezogene Anleitung. Wiesbaden: Verlag für Sozialwissenschaften.

Weiterführende Literatur

Eßer, Alexandra/Kröpke, Heike/Wittau, Heidemarie (2013): Wegweiser Tutorenprogramm an der Hochschule Niederrhein. Unveröffentl. Manuskript.

Kröpke, Heike (2012): Curriculum Tutorenprogramm Hochschule Niederrhein. Unveröffentl. Manuskript.

Kröpke, Heike (2013): Der Tutorenpreis an der Hochschule Niederrhein. In: Kröpke, Heike/Ladwig, Annette (Hrsg.): Tutorienarbeit im Diskurs. Qualifizierung für die Zukunft. Münster: LIT Verlag.

Neuland (Hrsg.) (2013): bikablo icons. Kartenbox für visuelle Methoden. Eichenzell.

Weidenmann, Bernd (2008): Handbuch Active Training. Die besten Methoden für lebendige Seminare. Weinheim, Basel: Beltz Verlag.

Weidenmann, Sonia und Bernd (2013): 75 Bildkarten für Trainings, Workshops und Teams. Weinheim, Basel: Beltz Verlag.

Internet

http://www.hs-niederrhein.de/hochschulzentrum-fuer-lehre-und-lernen-hll/tutorenprogramm/ (abgerufen am 09.02.2015).

http://www.lehridee.de/docs/index.html (abgerufen am 09.01.2015).

http://www.tutorienarbeit.de/ (abgerufen am 09.01.2015).

http://www.unibw.de/lehrplus/ (abgerufen am 06.12.2014).

http://www.wie-ideen-entstehen.de/ (abgerufen 13.11.2014).